ちくま文庫

その後の慶喜

大正まで生きた将軍

家近良樹

筑摩書房

目次

プロローグ　表舞台から姿を消した徳川慶喜　9

第一部　静岡時代の徳川慶喜

第一章　恭順表明から静岡に至るまで　19
1　恭順表明と水戸での謹慎生活　21
2　水戸から静岡へ　34

第二章　言動を律する趣味人――明治初年代　41

1 「家扶日記」にみえる一家の生活 42
2 趣味の世界へ 60
3 近代天皇制国家との係わり方 66

第三章 取り戻されたゆとり——明治十年代 77
1 パステル・カラーの時代 78
2 歴史上の人物となりつつあった慶喜 88
3 主役の交代 91
4 徳川宗家との関係 101
5 皇后と慶喜家の関係 110

第四章 身内・知己の死と新しいものへの関心——明治二十年代 117

1　老いの進展と趣味世界の変化　118
2　身内の不幸と知己のあいつぐ死　129
3　勝海舟・大久保一翁・山岡鉄太郎との関係　135
4　近代天皇制国家との接点の形成　152

第二部　東京時代の徳川慶喜

第五章　修復された皇室との関係——公爵授与以前　165
1　天皇・皇后との会見　166
2　皇太子との交流　176
第六章　老いと自分史への協力——公爵授与以後　197
1　授爵後の徳川慶喜（家）の変化　198

2　自分史の完成に協力　206
3　近代天皇制国家に包摂される　216
エピローグ　家範の制定と慶喜の死　221
あとがき　236
文庫版あとがき　242
参考文献　246
解説　門井慶喜　250
索引　i

その後の慶喜——大正まで生きた将軍

プロローグ——表舞台から姿を消した徳川慶喜

前半生と後半生

およそ歴史上に名を残した著名人の中で、徳川慶喜ほど特異な経歴の持ち主はそうはいない。前半生と後半生が、極端に異なるのである。

慶喜の前半生は、いうまでもなく徳川第十四代将軍の有力な候補者として中央政界に登場し、最終的には将軍の座にまで昇りつめる。が、鳥羽・伏見戦争を境に、一転して奈落の底に突き落とされ、辛うじて一命を断たれずにすんだ後は、いかなる政治勢力ともいっさい無縁の関係を通して後半生をすごす。

もちろん、絶大な権力を握った者が没落するケースは、洋の東西を問わず、それこそ枚挙にいとまがないほどある。いや、むしろ、それが歴史上においては一般的なことであろう。したがって、徳川慶喜が転落したこと自体は、めずらしくもなんともない。

めずらしいのは、たいがいの権力者が、没落したあと急死をとげる（暗殺も含めて）か、杳《よう》として消息が不明となるか、あるいは幽閉されるか、そのあたりがお決まりのコースであるのに、慶喜の場合はまったく違ったことである。彼は、権力の座から降りたあと、その後の長い人生を極めて平凡に生き、大往生を遂げたのである。つまり畳のうえで、幸せに亡くなった。このような権力者はそうはいまい。

以前、何かの雑誌で、清朝の哲人政治家であった曾国藩《そうこくはん》に、「四耐四不」と称される人生訓があるのを知った。それは、「冷に耐え、苦に耐え、煩に耐え、閑に耐え、激せず、躁《さわ》がず、競わず、随わず、もって大事を成すべし」という言葉である。この中の「煩に耐え」と「随わず、もって大事を成すべし」の部分を削れば、これはそのまま明治期の徳川慶喜の生き方に当てはまった。彼はこのような精神のもと、明治期を生きたのである。

ところで、二〇〇四年の一〇月、私は徳川慶喜に関する一冊の書物を上梓した。『徳川慶喜』（幕末維新の個性1、吉川弘文館）がそれである。だが、私に与えられた紙幅を大きく超えたこともあって、鳥羽・伏見戦争後、江戸に逃げ帰った慶喜が新政府への恭順を表明し、それが受け入れられて水戸へ下るところで、記述は終了せざるをえなかった。

本書は、これを受け継いで、徳川慶喜のその後の人生の足跡をたどろうとするものである。すなわち、いま挙げた拙著が慶喜の前半生を対象としたのに対し、彼の後半生をもっぱら解明しようと目指すのが本書に他ならない。もっとも、後半生といっても、水戸へ下った当時の慶喜は数えでいまだ三十二歳の青年であり、その後、大正二年（一九一三）の一一月に死去するまでの人生の方が長かった。そういう意味では、慶喜個人にとっては後半生の方が、むしろ彼の人生において重要な位置を占めたかもしれない。

明治期の慶喜は研究の対象外

徳川慶喜の人生は、このように、その前半と後半とで著《いちじる》しく様相を異にする。第十五代将軍となり、やがて幕府の倒壊に直面するまでの前半生は、いわばスクリーン上や大劇場で主役をはる若き大スターとして生きた日々であった。それに引き換え、引退後の後半生はまったく脚光を浴びることもなく、静かに余生を送る身となる。その前半生と後半生が、あまりにも見事に断ち切られ、対照的な位置を占めるがゆえに、後世の我々の眼には、慶喜はまったく異なる二人分の人生を送ったかのようにすら見える。私が、慶喜の経歴を極めて特異だと思う理由のひとつは、この点にもある。

そして、こうした慶喜の特異な一生が、数多い彼に関する書物や研究論文等にも反映して、おおむねこれまでは、その前半生が考察の対象とされてきた。管見の範囲では、徳川慶喜家になんらかの縁故のある人々による聞き書きの類を除いて、慶喜の後半生を真正面から取り上げた研究書や論文は、それほど多くはない。いや、極論すれば、ないに等しいといってもよかろう。

徳川慶喜に関する詳細でかつ正確な伝記として知られる『徳川慶喜公伝』にしても、水戸へ退去した後の慶喜に関しては、驚くほどその記述の分量が少ない。もっとも、これは、慶喜がけっして朝敵ではなかったことを、幕末の膨大な史実の中に具体的に論証するのが同書の最大の目的だったことを考えれば、当然のことではある。しかし、それとともに、『徳川慶喜公伝』の編纂に携わった関係者の心中に、明治期の慶喜の人生がつけたし（付録）だという意識があった結果でもあることは否めない。

ところで、明治期の慶喜がこれまで取り上げられてこなかった理由であるが、これには大きく言ってふたつの理由が挙げられよう。ひとつは、いうまでもなく、徳川慶喜の日本史上における重要性が圧倒的に幕末期にあったことである。いまひとつは、明治期の慶喜について知りうる材料が存外乏しいことである。

こうした理由で、明治期の慶喜については、従来触れられることがほとんどなかったが、そうしたなかにあって、あえて明治期の徳川慶喜を取り上げようとする論者の関心の対象は、ほぼ限られていたといってよい。

その一は、徳川慶喜の私人としての側面に関心を寄せるものである。そして、この観点に立つ研究の最たるものが、狩猟、写真、あるいは絵画といった数多い慶喜の趣味人としての世界の分析であった。また、これは研究とはいえないが、慶喜の家庭（日常）生活の実態を覗こうとする著作もわりあい目につく。慶喜のような高貴な人物のプライベートな側面は、多くの人々の興味を惹きつけてやまないからであろう。

その二は、慶喜が明治政府から与えられた特権の性格やその意味を考察しようとするものである。そして、これは、特定の時期に研究の対象をしぼることにもつながった。たとえば、慶喜が復権を遂げるうえで重要な意味を有した、明治三一年（一八九八）の参内・明治天皇への拝謁から、同三五年（一九〇二）の公爵授爵までの間を対象に、慶喜が皇室に優遇されていく状況の一端をくわしく分析した上野秀治氏の一連の論考（「明治三〇年代の徳川慶喜」他）などがそれに該当する。

幕末期の評価との関連性

いずれにせよ、徳川慶喜の後半生を総合的に取り上げたものではない。そして、さらに付け加えるならば、このような問題関心の前提に往々にして見られるのが、明治期の慶喜は天皇政府に反感を抱きながら、失意の時代を生きたとする認識である。そしてこれは、幕末最終段階の慶喜の評価と密接につながっている。

つまり、長年にわたって、幕末期の徳川慶喜は幕府権力の維持・発展をはかることにひたすら努めてきたと評価されてきた。慶喜は、第十四代将軍徳川家茂《いえもち》の時代に採択された、フランスと連携することで幕府権力を強化・拡張しようとする路線を引き継ぎ、それをさらに発展的に推進したと見なされた。

徳川慶喜に関する数多い書物のなかで、いまでも一般大衆の間に最も影響力があると思われる松浦玲氏の文章のごく一部を、左に掲げてみる（『徳川慶喜』増補版、一四六〜一六四頁）。

こうして慶喜は、まだ将軍になっていない単なる徳川宗家相続者の資格で、家茂時代の親仏幕権伸張路線を完全に引きつぎ、それに、家茂が持っていなかった強力な指導力を加えて、幕府の軍事力に新しい時代を切り拓いた。この全部がうまく成功すれば、諸藩の協力などなくても、幕府単独で長州を叩きつぶせる。（中略）幕府はやっと、自分の能力で幕府機構を動かし、つくりかえていこうとする将軍を持ちえたのだ。幕府の改革は、迫力に満ち、政敵たちは戦慄した。このまま進行すれば、（フランス公使の――家近）ロッシュが入知恵し、慶喜もそれを目指している強力な徳川王朝ができあがるかもしれなかった。モデルは、ルイ・ナポレオンのフランス第二帝政である。

このような評価は、ひとり松浦氏だけのものではない。ひと昔前はともかく、ふた昔までは、ごく常識的な見解であった。慶喜は、自らを権力の頂点に据える「大君制国家」を創ろうとしたと見なされたのである。そして、こうした幕末期の慶喜に対する評価から明治期の慶喜の心情が導き出される。すなわち、慶喜は、「徳川幕府王朝から徳川王朝への脱皮飛翔」（『徳川慶喜』増補版、三頁）を目指したものの、宿敵の大久保利通や西郷隆盛らの謀略の前に屈し、否応なしに権力の座から追われ、ある種の怨念を抱きながら明治期を生きながらえたと見なす。言いかえれば、権力志向が強く幕権の回復に最後まで執着していた慶喜にとって、明治期は文字どおり失意の時代であり、幕府にとって代わって成立した近代天皇制国家に対して、消極的にせよ抵抗意識を持ちつづけたと見るのである。

王政復古クーデターを見逃す

ところがこうした評価には、じつはそれほど有力な根拠があるわけではない。多くは、おそらくそうであったに違いないという憶測にもとづくものである。

これに対し、私は前掲の著作で、すくなくとも幕末最終段階の徳川慶喜は幕権回復論者ではなくなっていたと異を唱えた。たとえば、政権返上（大政奉還）を決断した慶応三年（一八六七）一〇月中旬時点の慶喜は、当時の日本が国際社会の中で置かれていた厳しい状況を直視して、独立を保つ唯一の方策として、朝廷（天皇）を頂点にいただく強力な中央政府の樹立を必要不可欠と考え、政権の返上を決断したと見た。

また慶喜は、王政復古クーデターの三日前（一二月六日）に、越前藩を介して、クーデター計画を知らされていたにもかかわらず、この情報を握りつぶしていたことを重視した。なぜなら、慶喜はこの極秘情報を得た段階で、摂政の二条斉敬《なりゆき》をはじめとする朝廷上層部や、御所諸門の警固を担当していた会津藩等に知らせれば、いとも簡単にクーデターを阻止できたにもかかわらず、それをしなかったからである。つまり徳川幕府や摂関家が支配の頂点に位置した旧来の政治体制を劇的に否定して見せた王政復古クーデターを、成功裡に終わらせた陰の主役は、他ならぬ徳川慶喜その人だったのである。そして、このことは、徳川慶喜が幕権の回復をもはや望んではいなかったことを端的に語っていた（なお私は、慶喜がこのような行動をとった最大の理由を、彼の旧体制の復活はもはやありえないとの諦観、ないしは徳川勢力に対する絶望感が、それだけ深かったことによると見ている）。

固く口を閉ざす

このように、長年にわたって、明治期の徳川慶喜に関しては、天皇政府に対し嫌悪感を抱きながら失意の時代を過ごしたといった評価がどうやら有力なようである。また、話としてはこの方が面白いのも事実である。これに対し、明治期の慶喜が、将軍職にあった時よりもはるかに幸せであったと見なすのは、慶喜直系の曾孫にあたる徳川慶朝《よしとも》氏などごく少数にすぎない。もっとも、氏の評価は、どうやらそれほど根拠のあるものではなく、ほとんど直感で感知しえたものらしい（『徳川慶喜家にようこそ』二〇・一九八頁）。

それはおき、明治期の慶喜が失意にあったとする見解に、ある種皮肉なことに援軍となったのが、慶喜の対応であった。明治期の慶喜は、自らの過去（前半生）について語ることはしなかった。特に、明治三五年に公爵に叙せられるまでは、そうであった。ともに、自分が現在進行形で生きつつあった同時代（明治期）についても語ることはなかった。このことは、明治時代の慶喜の最大の理解者であった渋沢栄一が、後年、「公（＝慶喜）は新政府に対し一言の批判を加えたることなかりき」と証言していることひとつとっても明らかである（『渋沢栄一伝記資料』第五七巻、三九九頁）。特に、権力批判につながりかねない政治的発言はいっさいしなかった。

渋沢は若き日に、慶喜がまだ一橋家の当主であった頃から仕え、のち明治・大正・昭和の三代にわたって実業界に君臨した人物であった。そして、後述するように、必ずしも経済的に豊かであったとはいい難かった慶喜家を支える役目を積極的に果たした。そ
もあって、渋沢は慶喜が生前最も信頼した男であった。その渋沢に対しても
のような態度を崩さなかったのである。こうした慶喜の在り方が、彼の無言
なされた。そして慶喜は、七十七年におよんだ生涯を終える。
たくななまでに慶喜が口をつぐんだという悪条件のもと、明治期の全般に

かって、徳川慶喜および彼を取り巻く関係者の動向を探ろうとするものである。語に十分値する過去をもつ人物が、沈黙を通したこの明治期の動向を押さえることで、徳川慶喜の一生をたどるという私に残された課題を果たすことにしたい。

もっとも、徳川慶喜の後半生を知ったからといって、別にどうということはない。彼の後半生は、まったくといってよいほど公的な意義を有するものではなかったからである。あくまで私的生活の積み重ねに終始したものであった。だが、あえて強弁すれば、歴史上の人物だった慶喜の後半生は、単なる市井《しせい》の個人のそれとは違うであろう。私は、慶喜の後半生を知ることで、徳川慶喜という人物の生涯と、彼が生きた時代の特色を知りたいのである。

なお、いささか蛇足気味だが、私は貝のように閉ざされた慶喜の口を無理にこじあけてまで、彼に自らの後半生を語らせようとは思わない。そのような無礼で、はしたないことはしたくない。ただ、明治期の慶喜を追っていると、時にうっすらと影絵のようなものが浮かびあがってくることがある。それを丹念に写し取って、私の徳川慶喜研究をさらに前進させることにしたい（本書では、読者が読み易いように、原則として史料中の表記は新仮名づかいに統一した）。

第一部　静岡時代の徳川慶喜

第一章　恭順表明から静岡に至るまで

徳川慶喜肖像（将軍時代　徳川慶朝氏所蔵、松戸市戸定歴史館提供）

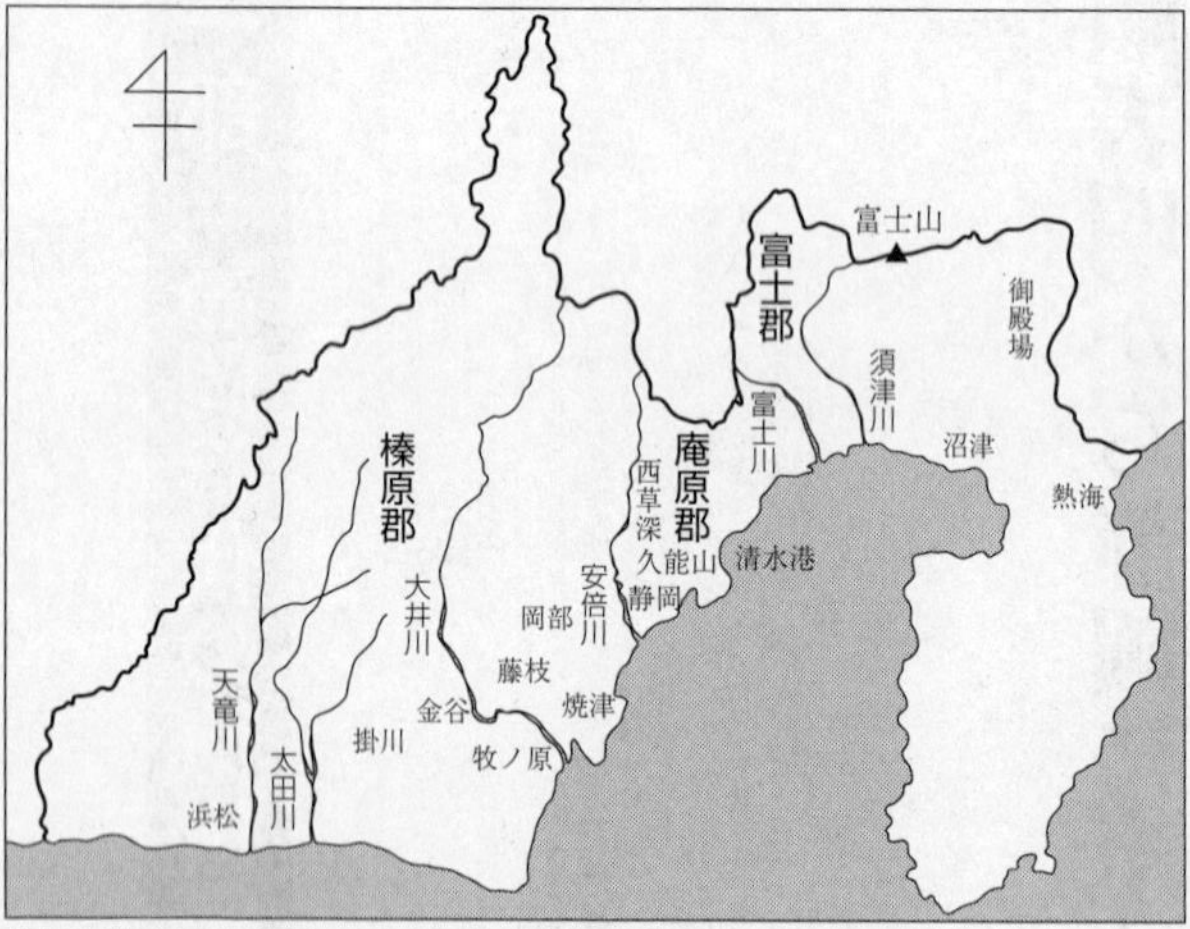

静岡県地図（『復刻・静岡県史跡名勝誌』をもとに作成）

1　恭順表明と水戸での謹慎生活

デンマーク軍人の見た慶喜

慶応三年（一八六七）二月初旬の大坂で、フランス公使のレオン・ロッシュの傍《かたわ》らにいて、第十五代将軍徳川慶喜の接見をうけたデンマーク軍人は、慶喜の印象を後年次のように記した（エドゥアルド・スエンソン『江戸幕末滞在記』）。

大君ウエサマ（上様）は体格が良く、年は三三ぐらい（実際は数えの三一歳であった）。顔立ちも整って美しく、少し曲がっているが鼻筋が通り、小さな口にきれいな歯、憂愁の影が少しさした知的な茶色の目をして、肌も健康そうに陽焼けしていた。ふつうの日本人によくあるように目尻が上がっていたり頰骨が出ていたりせず、深刻な表情をしていることの多い顔が、時折人好きのする微笑で生き生きとほころびた。（中略）中背以下であったが堂々とした体格で、その姿勢も充分に威厳があり、声が優しく快かった。まさに非の打ちどころのない国王、という印象であった。

大変好意的な評価である。かつスエンソンにとって、よほど心に残る人物でもあったのだろう。そうした思いが満ちている文章である。と同時に、ここには将軍の座に就いたばかりの徳川慶喜の、多少の陰翳《いんえい》はみられるものの、颯爽《さっそう》とした姿が、魅力的に描きだされている。ところが、このわずか一年二カ月後の慶応四（明治元）年四月、彼は落《らく》魄《はく》の身となって江戸を去ることになる。

境遇の激変と恭順表明

この間、よく知られているように、兵庫開港勅許と長州藩処分の両問題の解決優先順位をめぐって、徳川慶喜（幕府）と薩摩藩等の対立が激化し、幕末の日本をかってない危機的な状況に追いやることになる。そして、こうした事態の到来を憂慮し、それが内戦（内乱）状態にまで移行することを恐れた徳川慶喜によって、慶応三年一〇月一四日、突然政権を返上したいとの上表が朝廷に提出される。慶喜は、朝廷が政治的主体となって成立する新政府の手に、国政の運営を全面的にゆだねることを決断したのである。

その後慶喜は、先程も触れたように、薩摩藩の大久保利通らが計画立案した王政復古クーデターの実施を越前藩側から事前に知らされながらも、黙認した。そして、このあとクーデターに激昂した幕臣や会津藩士らの心を鎮めるために、彼らを引き連れて大坂へと向かう。しかし、慶応四年の正月三日、自身の上洛に先立って、安易なかたちで先発部隊の進発を認めた結果、鳥羽・伏見戦争を引き起こし、江戸へあたふたと逃げ帰るという人生最大の失態を演じることになる。

彼は、このまま大坂に留まれば、城内の強硬論者（それは薩摩藩との一戦を強く求めるグループであった）を勢いづかせ、事態が収拾不可能となる（その結果、へたをすれば朝敵となる）ことを恐れて、「敵前逃亡」を選択したのである。

しかも、それは大坂城にいた多くの旧幕兵や諸藩兵を見捨てて、老中等ごく一部の側近を伴って江戸へ逃げ帰るという、あまりにも身勝手で情に欠ける行動であった。当然、彼らの強烈な不信をまねくことになる。

栄枯盛衰は世の常とはいうものの、慶応三年から同四年をまたぐ間の、慶喜の境遇の変化はすさまじいものであった。政権返上を「大英断」と高く評価された身から、彼が恐れた朝敵の大本《おおもと》となる。そして、ほうほうの体《てい》で江戸にたどりついた慶喜は、抗戦を強く主張する幕府関係者や会津藩主（松平容保《かたもり》）・桑名藩主（松平定敬《さだあき》）らの声を押さえ、新政府への恭順を表明する（そして、このあと慶喜は、恭順の意を具体的に表すために、朝廷から自分と同時にやはり朝敵と目され官位を停められた側近の老中板倉勝静《かつきよ》や若年寄永井尚志《なおゆき》らを罷免し、その一方で松平容保や松平定敬に謹慎を命じる）。

静寛院宮らの救解活動

他方、慶喜は、静寛院宮《せいかんいんのみや》（もと和宮《かずのみや》。故徳川家茂夫人）や天璋院《てんしょう》（故徳川家定夫人）、それに徳川の一族、あるいは協力を少しでも得られそうな諸藩主らを総動員して、新政府への嘆願をおこなう。なかでも、慶喜がもっとも期待をかけたのが、皇女で京都の朝廷関係者に太いパイプが通じていた静寛院宮であった。

江戸へ逃げ帰った慶喜は、すぐに宮の侍女錦小路をもって宮に帰府に至った事情を言上した。だが、根っからの攘夷主義者で、慶喜の対外和親路線に前々から反発していた宮は、慶喜サイドの説明を聞こうとはしなかった。そこで、慶喜は天璋院と対面して、宮への取りなしを依頼する。これが功を奏し、一月一五日、慶喜は宮との面会を許され、彼女に切々と朝廷への救解の周旋を頼み、ついに承諾を得る。その結果、宮は侍女の土御門藤子に、親族の橋本実梁《さねやな》宛の宮の直書と慶喜の嘆願書を持たせ、京都に派遣する。

もっとも、周旋に同意したとはいうものの、宮の橋本実梁に宛てた直書の内容は、けっして慶喜に対して好意的なものではなかった。彼女はこの直書において、まず関東に伝わってきた官軍（新政府軍）の東下は、慶喜追討のためか、それとも徳川家討滅のためかと鋭く問うた。そして、慶喜一身のことは身から出た咎（罪）なので、どうなろうとかまわないと、慶喜を突き放した。そのうえで、徳川家が慶喜の所為で朝敵の汚名のもと家名断絶となれば、同家に嫁いだ自分は死を選ぶしかないと訴えた。すなわち宮は、自決の覚悟をちらつかせることで、新政府を脅したのである。そして、この脅迫が功を奏し、結果的に慶喜の命を救うことにつながった。

また徳川一族の中からも、慶喜の依頼を受けて、救解に向けた動きを起こす者が出てくる。その中心となったのは一橋家当主の徳川茂栄《もちはる》と、田安家当主の徳川慶頼《よしより》（家達《いえさと》の実父）であった。慶喜が朝廷に謝罪謹慎の意を表するため、二月一二日江戸城を出て、上野寛永寺大慈院での謹慎生活に入ると、この両者がもっぱら徳川家を代表して慶喜の救解活動にあたることになる。すなわち、徳川茂栄は、三月四日、静寛院宮および徳川慶頼の哀訴状を帯して江戸を出発する。そして、三月二七日、駿府（静岡）城に登って、慶喜に対して寛大な御沙汰が下るように、江戸に向かって進撃中の東征大総督（有栖川宮熾仁《たるひと》親王）にその旨《むね》を記した嘆願書を提出する。

さらに、慶喜の救解を求める動きは、慶喜の依頼を受けた諸藩主らによっても展開される。その代表的な人物は熊本藩主や仙台・広島藩主らであった。彼らは、いずれも朝廷に対して慶喜が朝廷に反旗をひるがえす意志のまったくないことを強調して、慶喜の免罪を求めたのである。

山岡・勝・大久保三者の活動

この他、慶喜の救解に向けて動いた人物として重要なのは、山岡鉄太郎（鉄舟）・勝海舟・大久保一翁《いちおう》の三名（なかでも重要な役割を果たしたのは山岡）であった。彼らは、幕臣としての立場から、慶喜のために立ち上がったのである。

左：勝海舟　右：山岡鉄太郎（国立国会図書館ホームページ電子展示会「近代日本人の肖像」）

山岡鉄太郎は、精鋭隊《せいえいたい》の頭（リーダー）として慶喜の護衛にあたっていたが、慶喜と会見して、彼の真意が謹慎・恭順にあることを確かめると、さっそく行動を開始する。勝と相談して、前年の一二月に発生した庄内藩兵を主力とする幕府軍による薩摩藩邸焼き討ち事件の際に捕らわれて、当時勝邸にいた旧知の薩摩藩士の益満休之助《ますみつきゅうのすけ》を伴って駿府におもむく。いうまでもなく、益満の協力を得て、大総督府下参謀で薩摩藩士の西郷隆盛を説得するためであった。そして山岡は、三月九日、西郷と会って慶喜の救解を嘆願する（なおこの会議で、江戸無血開城が実質決定をみる）。

こうした山岡の活動に対し、勝海舟と大久保一翁の両名は、京都に出来た新政府の参与に就任していた前福井藩主の松平慶永《よしなが》らと連絡をとりあって、慶喜の救解に力を尽くすことになる。彼ら両名は慶永を介して、慶喜の朝敵処分を解除し、江戸攻撃を中止しなければ、欧米諸国の内政介入をまねき、その結果、日本が内乱状態に陥《おちい》りかねないことを強く朝廷要路に訴えようとしたのである。

もっとも、一月二一日付で松平慶永に宛てた大久保一翁の書簡中に、「この地（＝江戸）真相談は勝安房（海舟）の外、二・三人に過ぎず、その余は強き事（＝強硬論）ばかり申しおり候」（『戊辰日記』）とあったように、勝・大久保両者の斡旋工作は、孤軍奮闘にかぎりなく近いものとなった。

大久保一翁（国立国会図書館ホームページ電子展示会「近代日本人の肖像」）

死一等減と水戸移住

そして、静寛院宮の脅迫に加えて、この幕臣三者の救解活動によって、慶喜助命の途が開かれる。すなわち三月九日、山岡鉄太郎に対し、東征大総督府から慶喜の死刑執行を中止するための条件七カ条が提示される。江戸城と軍艦・兵器を明け渡し、慶喜が岡山で謹慎生活を送るといったことが、その主な条件であった。

これに対し、山岡が強く慶喜の岡山移住に抗議し、その後、急いで帰府した山岡から具体的な条件を知らされた勝と大久保の両者が協議をおこなう。その結果、三月一四日、江戸に到着してまもない西郷に、勝と山岡の両人が会って、彼らから幕府側の修正要求が出される。それは、江戸城と軍艦・兵器の引き渡し等の条件を飲む代わりに、慶喜の水戸での謹慎を認めてほしいとの要求であった。

ここに妥協が成立し、四月四日、東海道先鋒総督兼鎮撫使の橋本実梁らが勅使として江戸城に入り、徳川慶頼に、慶喜の死一等を減じ、併せて水戸での謹慎を命じる朝命を伝達する。そして、これを旧幕府（慶喜）側が受け入れて、慶喜は水戸へ旅立つことになる。以後、新政府の最大の攻撃対象は、文久二年（一八六二）すえ以来京都にあって、薩長両藩と鋭く対峙した過去をもつ会津藩に対して向けられることになるが、この点に関して記すのは、もういいだろう。

名高い才覚を封印して水戸へ

徳川慶喜側が、四月七日に東海道先鋒総督府に約束した日時（四月一〇日）を、激しい下痢（「腹痛水瀉《すいしゃ》」）のため一日延期して、江戸を出発したのは、四月一一日明け方のことであった。この時、慶喜に従ったのは、新村《しんむら》猛雄・玉虫教七・西周《あまね》・戸塚文海《ぶんかい》らの側近と、中条《ちゅうじょう》景昭や高橋泥舟《でいしゅう》ら、慶喜の護衛にあたる精鋭隊士と遊撃隊《ゆうげきたい》士であった。

一行は、四月一一日松戸に泊まり、翌一二日から一四日にかけて、藤代・土浦・片倉を経由して、四月一五日水戸に到着する。そして、慶喜は弘道館での謹慎生活に入るが、慶喜の身辺警護にあたったのは、依然として精鋭・遊撃の両隊であった。

ところで、慶喜一行の道中の様子は、閏四月二五日付の『内外新報』に、ある大名家臣の目撃談として、次のように報じられている。

（前略）打上戸網代の御駕籠にて、御簾《みす》を上げ、黒縮緬《ちりめん》御紋付の御羽織を召され、御腕組みを遊ばされ、御槍一本もこれ無く、そのあり様を見奉りて涙を流さざるはなし。御先へ杖払いていの者、制止（の）声あい懸け候のみにて、御供の中にては声懸け候者なし。さりながら、（沿道の人々は）いずれも平伏まかりあり候よし。

弘化四年（一八四七）の八月に、一橋家を相続するために水戸を出発した慶喜の、二十一年ぶりの帰郷は、まことに哀れを誘うものとなったのである。

さて、その慶喜の水戸への退去だったが、これは彼の名高い才覚を封印する旅立ちの第一歩でもあった。これより先、二月の時点で、鳥取藩士の松田正人は西郷隆盛に対し、素朴な疑問をぶつけた。それは、旧幕府側が大挙して西上する動きも見せないのに、なぜ東征（江戸攻撃）を急ぐのかという質問であった。これに対し、西郷は興味深い返答をおこなう。

松田に西郷が語ったという言葉をできるだけ活用して記すと、西郷は、突発事が生じると慶喜は「常に違い、存外」計略をめぐらすのが不得手だが、「猶予して」時間を与えればそうはいかないと言ったというのである。つまり、「（慶喜は）凡人の及ばぬ御知恵の御方故、深く御考えの間これ無き内に、押し寄せ申さずては、けっして勝利は得申さず」（「慶応戊辰筆記」『大日本維新史料稿本』〔以下『稿本』とする〕三二〇〇の一）というのが、西郷が述べた江戸攻撃を急ぐ理由であった。

東山道《とうさんどう》鎮撫総督であった岩倉具定《ともさだ》（具視の子）らも、慶喜を「詐謀測るべからざるの老賊」（「慶応戊辰筆記」『稿本』三二九二）と捉えていたことなどと考え合わせると、新政府関係者の間に、慶喜の才覚・権謀に対する強烈な恐怖感が存在していたことがうかがえる。むろん、これは政権返上という、誰にとっても意表をつく「大英断」をくだした慶喜に対する恐れにほかならなかった。そして、これには、多分に買いかぶりの面があったが、慶喜は、以後新政府関係者が強く望んだように、その才覚を自ら封印し続けて明治期を生き、やがて死を迎えたのである。

朝敵の自覚と卑怯者の烙印

なお、水戸・静岡に移り住んで以後の、慶喜の長い後半生に関連して、最初に確認しておかねばならないことがある。それは、明治三十年代に入って復権を果たすまでの慶喜が、常に自身の朝敵としての立場を意識しつづけたこと、および幕臣らの自分に押した卑怯者との烙印《らくいん》に耐えつづけたことである。

徳川慶喜が帰府後、静寛院宮に語ったところによると、鳥羽・伏見戦争後、慌てて江戸へ逃げ帰ったのは、錦旗を掲げて大坂城に進軍しつつある官軍に敵対すれば、即朝敵となることを恐れたためであった。だが、慶喜の思い（願い）とは裏腹に、配下が鳥羽・伏見で錦旗に発砲したとして、慶喜は「朝敵」の本家本元となる。そして、慶喜は、これをひどく気に病んだのである。

江戸に帰った後の慶喜が、救済の斡旋を各方面に依頼した文章には、このことが如実にうかがえる。かれは、その全ての文章に、「朝敵の悪名を（中略）承り、実に意外、恐歎の至り」（「芸藩志要」『稿本』三一五二）、「朝敵の名を蒙る痛憾の至り」（「米沢戊辰事情記概略二」『稿本』三一四九の二）といった字句を連《つら》ねた。そして、慶喜が山岡鉄太郎に直々に語ったのは、「朝敵の命くだりしうえは、とても予が生命を全うすることは成るまじ」という言葉であった（『徳川慶喜公伝』史料篇三）。慶喜は、朝敵の烙印を押されたことを深刻に受け止めたのである。

そして、「朝敵の汚名」を晴らすことができないまま、水戸へと旅立つ。ついで引きつづき、静岡で長い隠居生活を送ることになる。したがって、水戸へ引っ込んだあとの慶喜の後半生は、心の中で、いつか無実が晴らされることを願いながらも、それが自分の生きている間は望めないかもしれないとの諦めを常に抱きつづけた歳月であったように思える。

他方、旧旗本や御家人らとの関係であったが、彼らの多くは帰府後の慶喜に新政府軍との戦いを望んだ。それは、朝廷の長州藩と幕府に対するあまりの対応の違いへの憤《いきどお》り（朝廷は、禁門の変時に、禁中に発砲した長州藩兵の責任を問うて取り上げた藩主父子の官位・封土を王政復古クーデター後ただちに元に復したのに対し、政権返上をおこなった慶喜をことさら排除したといった憤懣《ふんまん》）や、薩長両藩がいまだ少年である幼い天皇を擁して朝廷を牛耳《ぎゆうじ》っていることへの強い反発等によっていた。

こうした彼らにとって、東帰後ひたすら朝廷への恭順・謝罪をのみ口にする慶喜の行為は怯懦《きようだ》そのものと映った。また悪いことに、慶喜は自分がとった行動について、くどくどと説明をしなかった（つまり、旧幕臣への説明責任を十分にはたさず、それ故、彼らも慶喜の真意を理解しえなかった）。それが慶喜への批判となって表れる。たとえば、慶応四年の一月一六日、慶喜との面会を求めて江戸城にやって来た近藤勇（負傷していたため、土方歳三に介抱されながらの登城であったという）は、面会を拒絶されたあと、板倉勝静に向かって、「華城（＝大坂城）をおめおめ敵に渡すは（武人としてあるまじき行為で――家近）、末代までの恥辱なり」（「武内孫助筆記」『稿本』三一五〇）との捨てぜりふを吐いた。武闘派の近藤にすれば、このような慶喜批判の言葉を発しなければ、心のやり場・捌《は》け口がなかったのである。

また、その四日後（一月二〇日）の夕方、負傷者を慰問するために、板倉を連れて会津藩の芝新銭座にあった屋敷をおしのびで訪れた慶喜に対し、会津藩の宮津中三郎は、激昂のあまり、元将軍に痛烈な批判の言辞をじかに浴びせた。会津側の史料には、さすがにその具体的な発言内容までは記されていないが、「幕兵の拙きをはじめ、内府公（＝徳川慶喜）の御噂までも、恐れながら、種々存分（に）申し上げ候由」とあった（「会津藩士浅羽忠之助手記」『稿本』三一五九の一）。

宮津中三郎が「種々存分」に思いのたけを慶喜に「申し上げ」た内容は、おおよそ察しがつく。四、五日して、彼が藩主松平容保の前にまかり出て、「内府公は誠に腰抜けに御座候、所詮御あてにもあい成らず候間、早く御国（＝会津）へ御下向」して、国境を固めるほかないと進言しているからである（同前）。鳥羽・伏見での激戦に参戦し、負傷しながらもようやくにして江戸へたどり着いた、まだ興奮さめやらない状況下にあった会津藩士から、慶喜は「腰抜け」まがいの言葉でもって痛罵され、おそらく、それに反論することもなく、じっと耐える場面があったのである。

そして、このような慶喜に対する反発は、ひとりこの会津藩士にかぎったことではなかった。多くの旧幕側に属する兵士は、心の中で慶喜のことを、賢明かもしれないが、果断とは無縁の、ただ自分自身と徳川家の保身をのみ図る臆病者と見かぎったのである。また徳川を滅ぼした逆賊・張本人だと見なした。そして、慶喜は、このような軽蔑と臆病者だとの烙印を押されたまま、明治期の長い年月を送るべく、水戸へと旅立ったのである。

2 水戸から静岡へ

水戸藩の訌争再燃

さて、このような経緯を背景に水戸へ移り住んだ慶喜であったが、彼の水戸での生活は長くは続かなかった。慶喜の父徳川斉昭《なりあき》が第九代藩主となって以来、えんえんと続いていた水戸藩の内紛（訌争）が再燃し、慶喜を受け入れる条件が十分に整わなかったからである。

幕末期の水戸藩は、藩政の主導権をめぐる対立が、やがて攘夷の実行をめぐる天狗党《てんぐとう》（攘夷派）と反天狗党（佐幕派）の激闘へと進展し、維新前は、反天狗党が藩主徳川慶篤《よしあつ》（慶喜の実兄）を抱き込んで藩権力を掌握するに至っていた。それが、新政府の発足によって状況が一変し、今度は天狗党に有利な事態が到来する。

さっそく行動を起こしたのは、京都の本圀寺《ほんこくじ》につめていた水戸藩士（その多くは天狗党）であった。彼らは、敵対者の手から藩主を奪いかえし、国元の体制を天狗党のもとに統一すべく、新政府の支持を受けて帰藩を決定する。そこで、まずその手はじめとして、反天狗党の一掃と天狗党による藩政改革を命じる藩主宛の勅書を朝廷に要請する。そして、本圀寺詰の一行は、この勅書を携えて江戸に下向し、慶喜の協力も得て、藩政改革に乗り出すことになった。

ここに、水戸藩は再び藩内訌争が手がつけられないほど激化することになる。すなわち、本圀寺詰の水戸藩士や徳川慶喜の支援を得た天狗党と、藩政の主導権を握っていた藩主側近と反天狗党グループとの間の対立が再び激化し、最終的には反天狗党が水戸から追い出される。そして、彼らの多くは会津へとひとまず逃れる。ついで四月五日に、藩主徳川慶篤が突然急死する。が、反天狗党は、これを天狗党一派による毒殺と受け止めた。

徳川慶喜が故郷の水戸へ二十数年ぶりに帰ったときは、まさにこの直後にあたった。そのため、慶喜を水戸にこのまま置いておくことに大きな不安の念がもたれるようになる。会津方面に逃亡した反天狗党が何時水戸に舞い戻って来るかわからず、慶喜が藩内訌争にまきこまれる危険性が十分に予想されたからである。ここで慶喜のために動いたのが勝海舟であった。彼は、閏四月の六日と一九日の両度にわたって、慶喜を江戸に呼び戻す必要性を東征総督府に献言する。

こうしたなか、翌五月に入ると、天狗党の武田金次郎（武田耕雲斎の孫で、元治元年に祖父と行動を共にしたあと、越前の敦賀で禁固生活を送っていた）らが帰藩し、水戸藩内を血で血を洗う壮絶なテロの場にしてしまう。そのため、慶喜の水戸退去がいっそう急がれるようになり、六月一七日、山岡鉄太郎は、慶喜に水戸からの転出を勧めるため水戸へと出立する（勝海舟「日記」の六月一六日の条）。そして、慶喜から、今後のことは、すべて勝らに委任するので尽力を頼むとの言質《げんち》をとって、山岡が江戸に戻ってくる（同、六月二八日の条）。そのうえで、七月上旬に、徳川家達の後見人となった松平確堂《かくどう》（斉民《なりたみ》。元津山藩主。五月一八日、亀之助は実名を家達と改め、幼少の故をもって松平確堂が後見人となった）から、慶喜の駿府（静岡）への移転を求める願書が新政府に提出される。そして、同月一〇日、これが新政府指導者によって受け入れられ、慶喜の静岡転居が正式に発令されるのである。

徳川家の処遇が決定

こうして、徳川慶喜の静岡への再移住が最終的な決定を見たが、この間、新政府にとって緊急に解決を要する重大問題となったのは、存続を認めた徳川家の当主を誰にするか、また一大名となった徳川家の所領を何万石とし、かつどこに与えるかということであった。

この問題は、慶応四年閏四月三日、明治天皇の行幸先であった大坂の行在所《あんざいしょ》（天皇がおでましの時の仮の御殿）で、天皇に供奉していた親王や総裁・議定・参与、それに諸藩主に対し、その意見が問われてから、本格的な審議が始まる。もっとも、徳川家の相続人に関しては、田安亀之助を推す声が多かったので問題はなかった。だが、慶喜の処遇と徳川家に与える所領の石高に関しては議論が百出する。つまり、慶喜を水戸に終身そのまま置く、西南雄藩に禁固とする、徳川家相続人のもとで謹慎させるといった意見が各人から提出される。また、徳川家に与える所領の石高に至っては、上は三百万石から、下は一万石と、大きく意見が分かれた。

そこで、明治天皇一行が京都に戻ったあと、再び新政府指導者の間で、徳川家の処分をめぐって話し合いの場がもたれるが、結局ここでも決着を見なかった。そのため、副総裁の三条実美《さねとみ》が江戸に派遣され、大総督府スタッフらとの談合の結果、新政府の方針がようやくにして打ち出される。それは、駿府において七十万石を与えるというものであった（この石高は薩摩藩の七十七万石より少なかった）。

ただ朝廷は、王政復古クーデターの直後に、二百万石を徳川方に支給することを御沙汰という形でいったん保証した経緯もあり、ここで七十万石と発表すれば幕臣が反発するだろうと憂慮して、後日関東の情勢が鎮まってから発令することにした。そこで、閏四月二九日、三条実美から田安亀之助の代理である一橋家当主の徳川茂栄に対し、田安亀之助の徳川家相続と、「城地禄高の儀は、追って」通達するとの勅諚《ちょくじょう》が渡される。

そして、このような手続きを踏んだうえで、大総督府は七十万石という厳しい条件を飲ませるために、旧幕府に打撃を与える作戦にでる。それが、五月一五日に実行された上野寛永寺に立て籠っていた彰義隊《しょうぎたい》員へのいっせい攻撃であった。そして、このあと掃討の舞台は武蔵飯能や小田原に移り、旧幕府兵らは蹴散《けち》らされることになる。こうして、関東をほぼ制圧した新政府は、五月二四日、初めて徳川家に対し当初の方針を伝えたのである。徳川家の領地を七十万石とする、給付場所は駿府国その他とするというのが、それであった。

徳川昭武との関連

なお、徳川慶喜が水戸から駿府に再び慌ただしく移住するようになった要因として、いまひとつ無視できないものがある。それは彼の弟徳川昭武《あきたけ》(最後の水戸藩主)にかかわる事情であった。

徳川昭武は、慶喜にとって年齢のうんと離れた(丁度十六歳差)異母兄弟であったが、不思議とうまが合ったらしい。そのため、明治期の慶喜にとって、格別に仲の良い兄弟として重要な役割を果たすことになるが、この点についてはおいおいふれることになろう。その昭武に対し、将軍在職時の慶喜は、慶応三年パリで開催される万国博覧会に将軍の名代として参列すること、そのあとフランスで三～五年間（場合によってはそれ以上）勉学することを命じた（須見裕『徳川昭武――万博殿様一代記』二五頁以下）。

これは、むろん幕府の対外和親政策の一環として決定されたものであったが、同時にそこには若き昭武の成長をうながそうとする狙いがあったものと思われる。また一説には、慶喜は次期将軍の座をこの昭武に譲るつもりであったともいわれる。

それはおき、昭武は慶応三年の一月に横浜を出帆し、渡仏の途につく。が、その後一年に満たない間に、慶喜の政権返上がなされ、そのうえ翌慶応四年の四月に水戸藩主の慶篤が脚気《かっけ》が悪化して死去したことにより、帰国の命に接し、同年一一月に帰国して封を継いだ。

実は、昭武の水戸藩相続案は兄慶篤の急死直前から出ていたが、この時、昭武と慶喜が水戸で同居するようになることを個人的に懸念したのが岩倉具視であった。彼は、慶応四年五月一三日付で、三条実美に宛てた書簡において、「（昭武の水戸家相続が最も至当だと考えるし、また政府の評議でも一同その通りとしているが）小子存じ候には、慶喜同居にあい成り候あたり、いささか懸念に付、同人（＝徳川昭武）帰国の際に至り候はば、慶喜は他に御移しこれ有りたく候」との要望を伝えたのである（『岩倉公実記』下巻、四四九～四五〇頁）。

このような要望が岩倉から出たことに加えて、先程記した勝らが慶喜の水戸退去を求めたことなどもあって、慶喜が静岡に移るようになったものと思われる。

第二章

言動を律する趣味人——明治初年代

日本風景（慶喜画　久能山東照宮博物館所蔵）

1 「家扶日記」にみえる一家の生活

謹慎生活と朝彦親王の幽閉

七月一九日に水戸を出発した慶喜が、同二一日に銚子の波崎から蟠龍艦《ばんりゅう》に乗船し、海路清水港に上陸したのは七月二三日のことであった。静岡に到着した慶喜は、この日の夕方、徳川家の菩提寺（家祖家康の愛妾西郷局の菩提寺）であった宝台院にとりあえず居をかまえ、このあと三十年近くにわたって、静岡で隠居生活を送ることになる。

慶喜の後年の回想（『昔夢会筆記』二八九頁。『昔夢会筆記』とは、後に再び触れることになるが、慶喜の伝記編纂を志した渋沢栄一が、編纂員とともに、慶喜から往時のことを聞くために開催した会合での話を筆記し、印刷したものである）によれば、宝台院で謹慎生活を送ることになったのは、大久保一翁の発議にもとづくという。

そして、慶喜のその宝台院での謹慎生活であったが、これはこの年の暮れに慶喜と会った渋沢栄一の証言が参考になる。徳川昭武の随員として渡欧していた渋沢が久し振りに慶喜を訪ねると、慶喜は六畳ほどのごく狭苦しく、かつ薄暗い室で渋沢に会ったという。しかも、この時の慶喜は座蒲団も敷かず、汚れのひどい畳の上にじかに座っての対談となった。そのため、渋沢は将軍時とのあまりの落差に思わず涙ぐむほどであった

（『渋沢栄一全集』第二巻、一三三～一三四頁）。

他人と会う、いわば応接間が、このような有様であった以上、慶喜の謹慎生活がどのようなものとなったかはおおよそ察しがつこう。そして、慶喜の宝台院での生活は、このあと一年二カ月余りつづくことになる。

なお、慶喜が静岡での生活を始めた翌月にあたる八月の九日、徳川家達が江戸を出発し、同一五日に静岡に到着する。そして、このあと、慶喜は、当時まだ数えの六歳であった家達の家族の一員（すなわち養父）として、宗家の籍に付け置かれることになる。

静岡での生活を始めて間もない慶喜を襲ったのは、奇怪至極な事件であった。八月に入って、突如、京都で朝彦《あさひこ》親王（もと賀陽《かや》宮・中川宮）をめぐる陰謀事件が発覚する。事件の真相はいまもって明らかでないが、表面に現れたかぎりでは、こういう内容の事件であった。それは、王政復古後、京都郊外の粟田村（南禅寺の南あたりにあった）に閑居していた親王のもとに、慶喜の密使と称する者（越中出身の中野光太郎）がやって来て、親王との会見を求めたのが、そもそもの発端だとされる。

もっとも親王はこれを許さず、代わりに一書を与えて去らせたが、この中野が捕らえられて、ことが露見したというのである。すなわち、刑法官知事の大原重徳《しげとみ》や同判事の中島錫胤《ますたね》らが中野の取り調べにあたった結果、親王が、旧幕府関係者と共謀して、再び徳川家の再興をはかろうとする計画が明らかになったという。そして、親王は、この件での責任を問われ、八月、親王号と官位を剝奪され、広島に幽閉される（『岩倉公実記』下巻、五一七〜五一九頁）。

当時の慶喜が置かれていた状況を考えると、慶喜がこのような陰謀に参画した可能性はまったくない。現に慶喜も、後年、関与の有無を問われ、それを歯牙にもかけない調子で否定している。また併せて朝廷から尋問を受けたことすらない事実も言明している（『昔夢会筆記』二八五頁）。

このように、事件の真相はいまだに藪の中であるが、当時新政府関係者の間に、幕末期、朝廷の実権を掌握し、徳川慶喜と協力して、薩長両藩等の前にたちはだかった親王に対する嫌悪の情がはなはだ強かったことを考えれば、親王が狙い撃ちにされた（すなわち冤罪《えんざい》の）可能性もないではない。

慶喜の箱館派遣論

そうしたこともあってか、慶喜はこれ以後も、自らの言動を厳しく律しつづけることになる。むろん、時局に関する発言などはいっさいせず、身近な者以外の他人とは係わりを持とうとしなかった。また、外出することで人の眼に触れるのをはばかったのであろう、宝台院で謹慎中、元開成所の絵師であった中島鍬次郎から油絵を学んだという。室内で絵を描くことで外出がひかえられたからである。

だが、そうした彼を、新政府は放ってはおかなかった。旧幕府軍と新政府軍との戦いの場が、九月の会津落城のあと北海道に移る（明治元年一〇月、榎本武揚らは箱館五稜郭を占領する）と、慶喜の謹慎を解除して、榎本らに当たらせるべきだとの意見が政府内から出てくる。その最も熱心な主張者であった大久保利通の日記によると、明治元年の一一月一二日に開かれた会議の席上、彼はこのことを議題に持ちだす。大久保は、ほんの一週間前に、徳川家達をして榎本武揚らに当たらせるべきだとする評議がなされたにもかかわらず、それを押しとどめ、「慶喜謹慎断然免ぜられ、賊艦処分致たさせ候活眼の御処置あらまほしく議論に及」んだのである（『大久保利通日記』一、四九一～四九二頁）。

もっとも、この大久保の主張に対し、右大臣の三条実美（五月二四日昇進）が異議を唱え、この日は決定を見なかった。そして、翌一三日に、勝海舟が大久保の許《もと》を訪れたことで、この問題は違った展開となる。すなわち、一一月二四日に、慶喜ではなく、徳川昭武に榎本軍を討てとの命令が下り、これがまた明治二年の一月に中止となったのである（勝海舟「日記」の一一月一三・一四日の条。『徳川昭武——万博殿様一代記』一五三～一五五頁）。慶喜は危うく、自らの手で旧幕臣に最後の止めを刺すという因果な役目を逃れえたのである。

謹慎解除と叙位

そうこうする内に、明治二年の五月、箱館五稜郭に立て籠っていた榎本らが降伏して戊辰戦争が終わる。そして、これを受けて、この年の九月二八日、慶喜の謹慎が解除される（ただし、官位は剝奪されたままで、無位無官の状態に変更はなかった）。

慶喜の謹慎が解除されるに至る大きな背景としては、①新政府が国家経営を安定させるために、朝敵を許す「寛容さ」を広く天下に見せつける必要があったこと、②旧幕臣中の有為な人材を登用し、彼らの持つ技術を摂取するためには、旧主である慶喜の寛典が急がれたことが、指摘されている（山嵜千歳「明治期における徳川慶喜の待遇」）。

いずれにせよ、謹慎が解除された結果、慶喜は一〇月五日、宝台院を出て、同じ府中にあった紺屋町の元代官屋敷に移る。そして、江戸開城後、小石川の水戸藩邸などに居住していた妻美賀子も静岡にやって来て、慶喜と同居するようになる（一一月三日、紺屋町の邸に入る）。

慶喜の謹慎が解除されるうえで重要な役割を果たしたのは、またもや勝海舟や大久保一翁らであった。彼らは、三条実美や大久保利通らに対し、折にふれ、慶喜の謹慎解除を要請していたからである。そして、このあと、約二年を経過した明治四年（一八七一）の七月、突如廃藩置県が強行され、旧知事の徳川家達が東京の千駄ヶ谷三三〇番地（今の新宿一、二丁目の間）に移り住むことになる。

ところが、本来なら家達の家族あつかいであった慶喜も東京に転住するのが筋であったが、そうはならなかった。勝海舟が静岡に留まるのが良いと進言したためであった。こうして慶喜は、徳川家達が東京に去ったあとも静岡にそのまま残り、やはり家達の隠居（養父）という形で隠棲生活を継続することになったのである。

そして、翌明治五年（一八七二）に入ると、正月六日に新たな動きが生まれる。従四位に叙せられたのである。この叙位によって、慶喜はそれまでの無位無官の身から解き放たれ、復権への第一歩をしるすことになった。慶喜と同時（期）に、かつて朝敵とされた松平容保や永井尚志ら三十余人の罪が許され、榎本武揚の監禁が解かれ、もと朝彦親王の宮復帰（久邇宮）が実現したことを考えると、廃藩置県実施後の不安定な政治状況のなかにあって、慶喜の存在が反政府勢力に利用されることを防ごうとする狙いがあったものと想像される（山嵜千歳「明治政府と徳川慶喜」、岩下哲典編著『徳川慶喜――その人と時代――』所収）。

「家扶日記」とは何か

さて、これから、明治五年以降の徳川慶喜と彼の家族の生活を見ていくが、ここに大変貴重な史料がある。千葉県松戸市の戸定《とじょう》歴史館が所蔵する徳川慶喜家の「家扶《かふ》日記」である。これは、徳川慶喜家の家扶や家従が、明治五年一月から大正元年（一九一二）

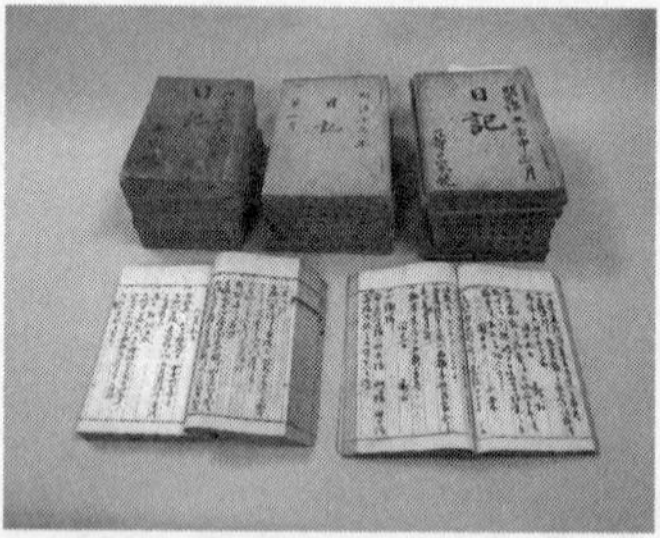

家扶日記　全43冊（松戸市戸定歴史館所蔵）

一二月に至る間の、徳川慶喜および家族の日常生活を記録したものである。したがって、当然、明治期の慶喜の日常を知るうえで、欠かせない史料ということになる（もっとも、明治六年九月から一二月までと、同三〇年一一月二〇日から一二月三一日までの分は欠落している）。

　ところで、この全四十三冊から成る膨大な「家扶日記」が世に知られ出し、一部の研究者らによって使われはじめたのは、ごく近年のことである。戸定歴史館に原本のコピーが架蔵となり、閲覧が可能となったのが一九九七年春のことだから、一般に使われ出してまだ十年に満たない歳月しか経過していない（もちろん「家扶日記」の存在それ自体は、徳川家の関係者等の間ではよく知られており、以前から若干利用されていた。が、それはごく限られたものであった）。そこで、認知度も極めて低いと思われるので、まず最初にこの日記の特色について簡単に説明しておこう。

　慶喜の日常の行動、来客の氏名と慶喜の応対の有無、家族の外出記録、東京の徳川宗家との連絡事項、冠婚葬祭などが簡潔に記されているのが、「家扶日記」のまず第一の特色である。そして、この日記の記載者の名前がハッキリとわかるのは、明治一六年（一八八三）から同二八年（一八九五）にかけての間である。

この間、筆頭家扶の小栗尚三と同家扶の新村猛雄（『広辞苑』の編者で有名な言語学者新村出《いずる》の養父）の両名が、一日交替でまず執筆した。そして、小栗が老齢のために明治二四年（一八九一）から隔日出勤ができなくなると、東京の宗家から松平勘太郎（大目付から大坂町奉行に転任した経歴を持つ）が赴任して、新村猛雄と交互に執筆するようになる（なお、蛇足であることを承知であえて付け加えると、新村猛雄は几帳面な性格の持ち主であったのだろう。彼が筆をとった「家扶日記」部分は、小栗のそれと較べて文章が相対的に長い。やはり新村出の養父となるだけのことはある）。やがて明治二八年五月に、松平勘太郎が身体不調のため退任すると、以後日記から執筆者の記載がなくなる（前田匡一郎編著『慶喜邸を訪れた人々』五頁参照）。

「家扶日記」最大の特色

つづいて、「家扶日記」最大の特色について語ることにしよう。この日記の最大の特色は、慶喜個人の心の内面がまったくといってよいほどうかがえないこと、および同時期の日本で起こった政治的・経済的・社会的な動きがほとんど反映されていないことである。

前者に関しては、「家扶日記」の性格からいって、ある意味では当然のことであろう。したがって、通り一遍の読み方で眺めても、わくわくするような記述にはまず出くわさない。ただ後者に関していえば、いかに「家扶日記」といえども、普通は日記そのものの持つ性格からいって、記述の対象をいくら家政にのみ限定しようとしても、同時代の国家や社会のあり方が投影するのは避けがたいことである。ところが、「家扶日記」には、それが見事なほど消されている。

「家扶日記」には、明治六年政変（征韓論政変）も、西南戦争も、憲法発布とそれに引き続く国会開設も、その痕跡をまったく留めていない。さすがに、近代日本にとって最初の対外戦争となった日清戦争時には、軍人の訪問や、慰霊碑建立への協力要請、あるいは戦死者の葬儀費への出金といったかたちで、かすかに時代の面影が浮かび上がることもある。だが、それ以上のことは、なんら書かれていない。

たとえば、同日記の明治二七年九月二五日の条には、日清戦争の勃発による大本営の広島移転にともなって、家達が「天機伺いのため、来る二八日午後四時一〇分新橋発の汽車」で出発すること、予定どおりにいけば、帰路一〇月四日に慶喜邸に立ち寄ること、その際、「彼地（＝広島）の景況を開陳」する家達の「思し召し」であることが、東京の宗家から通知されたとある。そして、当初の予定より大幅に遅れて、一〇月二九日、家達が静岡にやって来て、三一日まで滞在する。が、この間、日清戦争や明治天皇に関する話を散々聞かされた筈なのに、これらのことは、当然といえば当然のことだが、まったく載っていない。

また、日清戦争よりも、はるかに大きな影響を日本社会に及ぼした日露戦争時には、慶喜自身が公爵を授けられ、完全に復権を果たした後ということもあってか、日本赤十字社への包帯等の寄付、国民後援会への毛布の寄贈、あるいは旅順陥落や奉天占領を祝っての参内などの記述が見られる。が、所詮この程度までである。むろん、慶喜の政治的発言などは記されていない。

このように、四十一年間にわたって、ひたすらえんえんと書き継がれているのは、時代背景をうかがわせる類の記述とは対極にある、慶喜およびその一家の身辺雑記的な事柄である。それゆえ、「家扶日記」からただちに理解できることは、表面的なことのみである。プロローグで記したように、明治期の慶喜に対して、彼の広範囲にまたがった趣味の世界の分析が、これまでなされてきた所以《ゆえん》である。

慶喜が本来持っていた個性

もっとも、よく目を凝《こ》らせば、権力の座に就いていた幕末段階の慶喜からは容易に伝わってこない、彼本来が持っていた個性もしくは志向といったものが「家扶日記」から垣間《かいま》見える。そのいくつかを挙げてみよう。

「家扶日記」を見ていて、まず驚かされるのは、慶喜が驚くほどタブー(禁忌)と縁遠い人間だったことである。慶喜が、写真を撮られると寿命を縮めるとの迷信があった時代に、被写体となることを好んだことはよく知られている事実である。が、これ以外に、日記からは、明治八・九・一〇・一四・一七・二二年のそれぞれ正月一日に、慶喜が猟に出ていることが確認できる。大概は銃砲を使用した猟である。普通新年の正月一日といえば、一年でもっとも神聖な日であり、殺生をはばかるのが常人の感覚であろう。

ところが、彼は、そんなことには一切おかまいなしに、猟に出て獲物を追っていた。対象をさらに正月二日・三日まで拡げると、当然出猟日はうんと多くなる。また、年末も大晦日もふくめて猟に出る年が多かった。慶喜は、壮年時代を中心に、正月三箇日であろうと、大晦日であろうと、気がむけば狩猟や鷹狩に勤《いそ》しんだのである。また、弟の徳川昭武に「牛肉御手製」(今でいう手造りハムか)なども送っている(明治二九年一一月三日の条)。これは、穢《けが》れといった類の観念が彼のなかに乏しかったことを示している。将軍職就任以前から洋食を好み、「豚一(豚を好んで食する一橋という意味)」とあだ名されただけの背景は十分にあったのである。そして、慶喜がこのような新しいもの好きで、そのうえタブーをもあまり恐れない人間であったがために、こうしたことを殊《こと》のほか気にし、毛嫌いした大奥女中らに不人気だった理由の一斑も理解しうる。

また、このことと関係するが、徳川家三代(慶喜・慶久・慶光)にまたがって所蔵された書物名を一覧すると、慶喜が読んだ可能性のあるものには宗教書がほとんどふくまれていないことに気づく（ただ例外は禅宗に関する書物である）。これなども、迷信の類と縁遠かった慶喜が、宗教をそれほど必要としなかったらしいことを窺わせる点で興味深い。

著者もしくは編者	書名
徳川光圀	大日本史
徳川斉昭	新伊勢物語他
会沢正志斎	新論・烈公行実他
藤田東湖	常陸帯・弘道館記述義・回天詩史他
青山延手	皇朝史略・武公遺事他
青山延光	佩弦斎雑著・雪夜清話他
青山延寿	野史纂略・読史雑詠他
勝海舟	開国起原・陸軍歴史・海軍歴史
木村芥舟	三十年史
内藤耻叟	徳川十五代史
浜野章吉	懐旧紀事　阿部伊勢守事跡
北原雅長	守護職小史・七年史
栗本鋤雲	匏庵遺稿
福地源一郎	幕府衰亡論
下飯坂秀治	仙台藩戊辰史
桜木章	側面観幕末史
中村勝麻呂	井伊大老と開港
山崎有信	彰義隊戦史
内田寛	間部閣老
松平慶永	春嶽遺稿
景岳会	橋本左内全集
	三条実美公年譜
島津家臨時編輯所	照国公文書
岩崎宰	島津久光公実記
勝田孫彌	大久保利通伝

表1　慶喜が読んだ可能性のある主な歴史書・思想書
（清水市立中央図書館『徳川文庫目録』によって作成）

さらに、大好きであった狩猟に関連して、ほんの少し付け加えると、「家扶日記」の明治五年二月二八日の条には、彼の凝り性でせっかちな性格がよくうかがえるできごとが筆記されている。それは、この日、旧幕時、砲術師範役（のち静岡藩使番）であった田付右膳から鉄砲（新式銃）一挺を差し出された慶喜が、すぐに近村へ雉子《きじ》撃ちに出かけたとの記述である。

私は、前掲の著作で、幕末期の慶喜が根廻《ねまわ》しをまったくせず、決断したことをただちに行動に移す性格であったため、必要以上にトラブルを招いたことを、具体的な事例を挙げて指摘したが（一一九〜一二四、一八一〜一八二頁）、これはやはり彼の根本的な気質（思い立ったら、すぐに行動しないと気がすまない）に根ざすものだったのである。

子供を里子に出す

なお、慶喜がタブーや迷信の類と縁遠い性格であったという話がでたついでに記すと、慶喜はごく普通の貴人（貴族的立場にある人間）ではまずやらないことを子供たちの養育で試みている。生まれたばかりの子女を里子（それも、とびきり庶民の家）に出しているのである。

静岡時代の徳川慶喜については、笑い話のように、彼の仕事は子づくりであったとよく言われる。さすがに謹慎生活当初は、世間の眼をはばかってか自重したが、明治四年に入ると、二人の側室（新村信と中根幸。いずれも旗本の娘）との間に、あいついで長男と次男が誕生する（明治四年の六月二九日と九月八日。生年月日は前田匡一郎氏の推察による）。しかし、彼ら二人は、翌年の五月二二日と三月一〇日にそれぞれ亡くなる。さらに、翌五年の一〇月二五日に三男が生まれるが、この子も明治六年七月五日に死没する。

誕生したばかりの息子が一歳に満たない段階であいついで夭折したことに、慶喜はよほどショックを受けたのであろう。明治六年の六月二日に長女鏡子が誕生すると、伊勢屋元次郎方へ里子に出したのである。以後、明治二一年（一八八八）の八月二三日に生まれた十男の精《くわし》まで、慶喜は信と幸二人の女性との間に十男十一女をもうけたが、そのいずれの子女（ただし、誕生してすぐに亡くなった子供は除く）も里子に出した。里親の職業がハッキリしているのは次の六名である。

①北安東村戸長の小林与七郎（四男厚の里親）
②植木屋の大石権次郎（三女鉄子の里親）
③米穀商の佐野源次郎（五男博・七女浪子・十一女英子の里親）
④商業の宮川喜代蔵（七男久の里親。ただし五日間だけ）
⑤指物商の小長井勝次郎（九男誠の里親）
⑥石工の望月惣兵衛（十男精の里親）

植木屋・米穀商・商業・指物商・石工それに戸長もふくめ、すべてごく普通の庶民の生業であったといってよかろう。その他、遠藤幸威著『女聞き書き　徳川慶喜残照』に

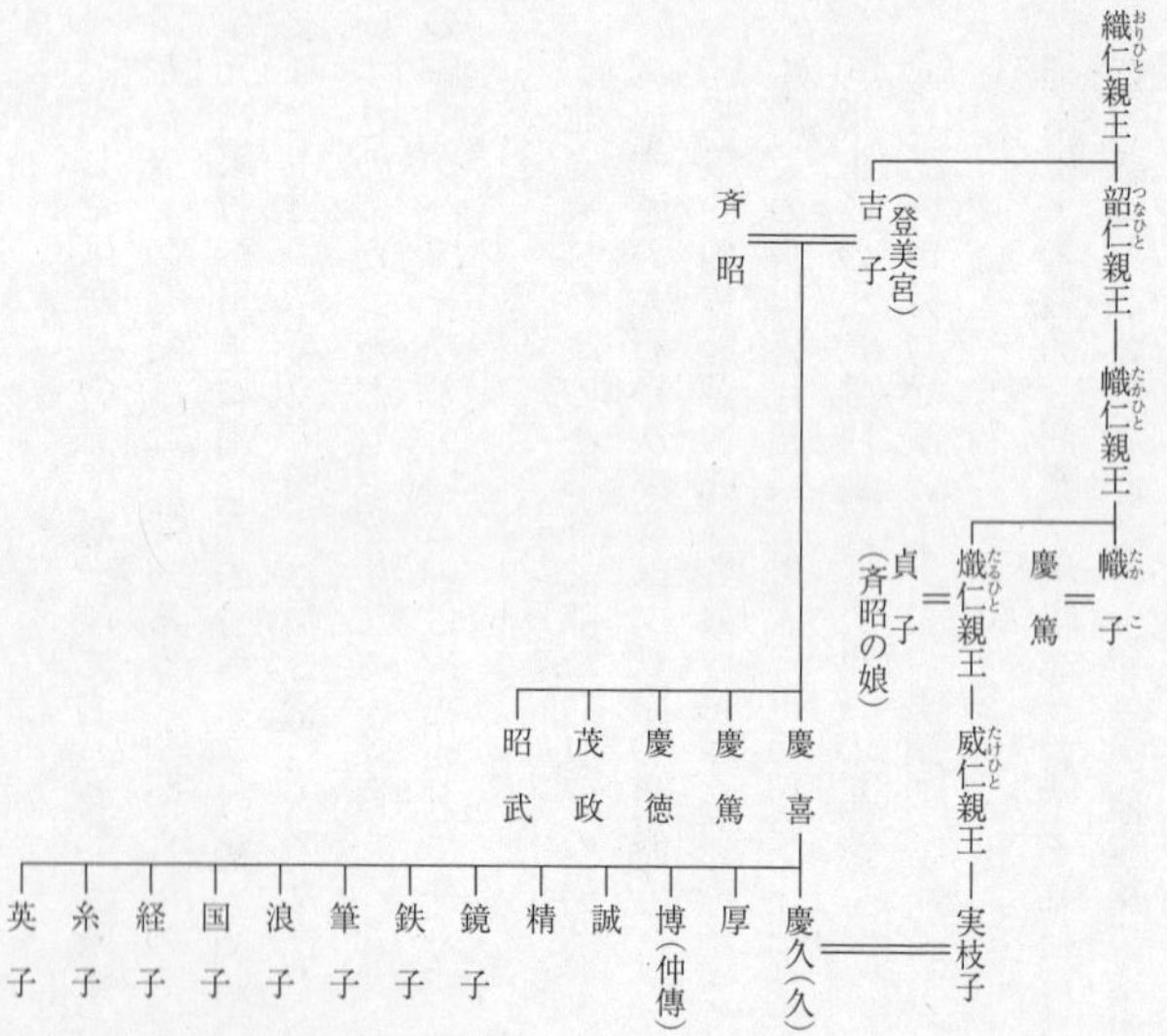

慶喜家・有栖川宮家関係略図

よれば、慶喜の子女の中には質屋や煮豆屋に預けられた者もいたとあるが（五二〜五三頁）、これは④の商業を営んでいた宮川喜代蔵家のことかもしれない。あるいは、十女糸子の里親で、果樹園を持っていた山田友右衛門家のことを指すのであろうか。いずれにせよ、慶喜は、明治六年以後、彼ら庶民に自らの子女の養育を託したのである。

　これは、むろん、庶民の家に子供を預け、世間の風にあてた方がたくましく育ち、結果的に生存率が高いだろうという判断のもとになされたと思われる。じじつ、子女の生存率は、その後格段に上がった。

もっとも、貴人の子女で里子に出された例がなかったわけではない。有名なところでは、大正天皇が中山忠能《ただやす》の邸に預けられ、その大正天皇の息子であった迪宮《みちのみや》（のちの昭和天皇）が川村純義の邸に里子に出されている。しかし、これは相手がいずれも華族であり、慶喜の場合と同一視するわけにはいかない。これに較べてまだ近いケースとしては、のちに大正天皇妃となった九条節子《さだこ》が、生後七日目の明治一七年（一八八四）七月から、足かけ五年、東多摩郡で藍製造業を営む豪農夫婦のもとに預けられた例があるが（片野真佐子『皇后の近代』八四頁）、これも豪農という点で慶喜の子女の場合とは、若干異なるであろう。元将軍の徳川慶喜は、実に思い切った決断をしたと見ざるをえない。

なお、慶喜の子女が里子に出された期間は各人によって多少違い、三年弱から四年強ほどの間であったが、庶民の家に預けられたことによって、印象的な話がいくつか残されている。たとえば、指物商の家に里子に出された九男の誠は、「言葉もすっかり町方風」になって、実家に戻った際、慶喜に向かって「チャン」（父ちゃんの下町言葉）と言って、生母の幸を慌てさせたという（『女聞き書き　徳川慶喜残照』五二頁）。また煮豆屋に預けられた娘の一人は、「お豆一皿下さいな」といった「煮豆屋さんごっこ」をして遊んでいたという（同前、五三頁）。なんともいえない、ノホホンとして、それでいておかしみのあるエピソードではある。

ざっくばらんな性格

それはそれとして、このような選択肢をとりえたのが、いかにも慶喜らしいとはいえる。というのは、慶喜には誰もが思いもつかない決断を下すとともに、あまり身分格差を意識していないかのような、ざっくばらんな所があったからである。たとえば、榎本武揚の後年の回想にこういうのがある。それは、彼が幕府の命を受けてオランダで陸海軍の制度や法律等の研究をして帰国した後にまつわる話である。

帰国後、改革が急務であることを強く幕府首脳に訴えたものの、深刻な財政難を理由に、それが聞き届けられなかった榎本が、当時将軍後見職（将軍の間違いか――家近）であった慶喜に直談判を試むべく、会談を申し入れたところ、一週間ほどして面会を許されたという。そして、榎本にとって、最初の面接（「御目通り」）であったので、「定めて式法など」が「厳格の事ならんと思」っていたところ、思いもかけず、慶喜はたった一人で（それも彼の居間で）応対したというのである。そして、この時榎本は、慶喜の「応接の平易にして言語の親しき、ただただ喫驚の外はなかりき」との感想をもつ。榎本の証言を続けると、これだけでも度肝を抜かれたうえ、さらに驚かされたのは、その後食事を共にした際、慶喜が自身で「酒瓶を執り、飯櫃《めしびつ》を側に置いて、手づから飯を盛」ったことだという（「徳川慶喜公回顧録」『開国五十年史』上巻）。

同様の話は、有名な洋学者であった佐久間象山が、古くからの門下生に宛てた手紙にも見える。時局問題に関する意見を聞くために招いた象山に対し、慶喜は、「もそと(＝もう少し)進み候へ、もそと進み候へ」と命じ、気がつけば象山は額を合わさんばかりの至近距離で(わずか「三尺〔一メートル弱〕ばかりの所」)で、かねてからの持論を慶喜に言上したらしい(元治元年四月一四日付白井平左衛門宛書翰。『象山全集』下巻所収)。

いずれも、格式ばった当時の身分制社会では考えられないことである。このような慶喜だったからこそ、庶民の家庭に子女を預けることができたのであろう。

母親孝行と新しいもの好き

その他、「家扶日記」からは、慶喜の生母登美宮《とみのみや》(徳川斉昭正室)への親孝行ぶりも知ることができる。このことは、単に母に寄せる思いの深さというにとどまらず、母親の実家である有栖川宮家(登美宮は、有栖川宮織仁《おりひと》親王の娘であった)、ひいては皇室に対する彼の姿勢にもよると考えられる。

有栖川宮家は、水戸学が正統と認めた南朝の出であり、その血を受けつぐ母を通して、皇室への尊崇の念が強まったと考えるのが自然である。慶喜に対して、諸書の多くは、はじめから幕府サイドに立つ人間だと決めてかかっているが、そのように見なすことには慎重な態度が求められるであろう。また、登美宮は字もうまく、刺繡や押絵などにも秀《ひい》で、玄人はだしであったといわれるが、慶喜がやはりこれらに長《た》けていたのは、母親の遺伝子を受けついだ結果でもあったといえよう。

つづいてこれは、おいおい本書中で詳しく触れることになるが、「家扶日記」からは、幕末期の慶喜の西洋志向と軌を一にする彼の新たなるものへの並はずれた志向(好奇心)の強さが如実にうかがえて興味深いものがある。人力車、自転車、電話、蓄音器、自動車等々の購入や利用は、おそらくわが国でも最も初期のケースになると思われ、文化史的な意義を有すると考えられる。

以上、ようするに、明治期の慶喜をよく知ることで、幕末期の彼に対する理解をも深めることができるのである。

2 趣味の世界へ

多種多様な趣味

「家扶日記」のごく大まかな特色は、以上のような点にあったが、これから、この日記を積極的に活用して、明治期の徳川慶喜および彼の家族の動向を探ることにしよう。もっとも、私の最大の関心は慶喜とその一家が、明治期に新たに誕生した近代天皇制国家とどうかかわり、最終的に同国家にいかにして包摂されていったのかという点にある。いま挙げた「家扶日記」の性格からいって、この点を解明することは至難だが、焦らず、じっくりと取り組むことにしたい。

徳川慶喜にとって、静岡に移住した当初の十年間はどういう歳月であったか。これが本章のテーマである。これへの回答は、ごく簡潔に記せば、次のようなものとなろう。これがそれは、成立したばかりの近代天皇制国家との無用のトラブルを注意深く避けながら、ひたすら趣味の世界に没頭した歳月だったということである。

明治五年の正月一日より始まる「家扶日記」からは、謹慎が解かれてから二、三年経過した段階の慶喜が、驚くほど多彩な趣味の世界に入りびたっていたことが判明する。明治五年中だけをとってみても、銃猟・鷹狩・囲碁・投網、それに鵜飼いまでもやっている。ついで同六年以降の日記を見ていくと、謡《うた》いや能・小鼓・洋画・刺繡・将棋等が新たに加わる。また、時に鰻釣りも城内（いまの駿府公園）の濠《ほり》でやっている。真に幅が広く活発な趣味の世界であった。なかでも、壮年時代の慶喜が熱中したのは、銃砲（西洋銃）による猟と鷹狩と投網であった。狩猟の範囲は近村から安倍川尻にまで及び、清水湊《みなと》での投網には明治初年当時静岡ではまだめずらしかった人力車ででかけた。そして、最盛期には連日のように外出し、日が落ちるまで邸には帰らなかった。

元来慶喜は、水戸での幼少期から体を動かす遊び事を好み、読書（学習）は性に合わなかったといわれるが、海あり山ありで、かつ気候も温暖であった静岡での生活で、一気にそれに火がついたという感じがする。そして、それは、彼個人にとって過去の傷を癒やすに足る至福の時間となったといえよう。

職業は趣味人

もっとも、慶喜の趣味の世界が一般人と大きく異なるのは、彼のそれが職業ともいうべき様相を呈したことである。つまり、ごく普通の人間にとって、趣味は文字どおり仕事外の余暇の時間に楽しみとして愛好するものである。ところが、慶喜の場合はそうではなかった。彼には仕事に当たるものがなく、ただ時間をつぶす（それも政治的な動きにいっさい係わらない形で）ことを求められた。いまでいう体育会系の人間であり、それもまだ三十代の体力強健な男盛りの慶喜が、野山を闊歩する趣味の世界に入らざるをえなかったのには、それなりの理由があったのである。

このように、「家扶日記」からは、明治五年以降の慶喜が趣味の世界で活発に動きまわっていることが一目瞭然であるが、これは明治五年に入ってからの特色ではなかったものと思われる。東京の宗家から叙位（従四位）のことを知らせる使者が静岡にやって来る一月一一日以前に、慶喜は鷹狩などで近隣に出かけているからである。謹慎が解除されたあとの慶喜は、それまでの鬱的状況を払拭するために、徐々に趣味の世界に没頭しだし、明治五年一月に叙位されて以降、本格的にのめり込むようになったものと想像される。

旧幕臣からの献上物と民衆との接触

なお、明治初年代の慶喜(家)の生活に関連して、軽視できないのは、旧幕臣からの献上物があったことである。旧幕時に比して、はるかに少なくなった石高とは対照的に、ものすごい数の旧幕臣を抱えこむようになった静岡では、当然のことながら、新藩創立の最初から厳しい財政状況に直面した。とくに廃藩置県によって藩が廃止されると、旧幕臣の生活はいっそう苦しくなる。慶喜家もむろん例外ではなかった。東京に移った宗家と連絡をとりあって使用人の相当数を整理するなど緊縮策を余儀なくされる。こうした折、明治二年(一八六九)以来、金谷原(のち牧ノ原)の開墾に従事していた旧幕臣から、自分たちの作った農作物が慶喜家に献上される。

「家扶日記」から判明する限りでは、薩摩芋やお茶を中心に、松茸・枝豆・胡麻・蜜《み》柑《かん》・梨・ざぼん・大根等が献上されている。その中心となったのは、慶喜の水戸移住以来、慶喜とのつながりの深かった中条景昭らであった。中条らからの献上は、徐々にその後減りはするものの、明治二十年代半ばまで続けられる。

他方、静岡時代の慶喜は、趣味の世界に入ることで、それまでなかった経験をもつようになる。積極的に外出するようになり、それに伴い、一般民衆と直接触れあうチャンスが訪れたのである。青壮年期の狩猟時はむろんのこと、写真に熱中した時がそうであった。とくに、写真の場合は、撮影の対象が富士山や神社仏閣等から、次第に田園風景などに移っていく。いま現在、慶喜が撮った庶民の生活ぶりを伝える写真が数多く残されている。

もっとも、残念ながらこういった市井の人々の生活に接し、慶喜がどのような感想を抱いたのかはわからない。が、徳川家康を別にして、おそらく庶民の生活を目《ま》のあたりにした回数と時間の長さにおいて、徳川慶喜の右に出る将軍経験者はいないであろう。また、反対に、狩猟や撮影のために慶喜が出歩くということは、多くの人々の眼に彼の存在が触れるということでもあった。そのため、彼に関するエピソードも残されている。その中には、笑止千万なものもある。たとえば、これは静岡ではなく、東京（巣鴨）時代の話だが、三河島（いまの荒川区）にでかけ、鳥撃ちに夢中になった慶喜が、我を忘れて三河島菜を育てている畑のなかに入りこみ、鳥を追ってタテ・ヨコ十文字に走りまわったため、農民の抗議を受けた際の逸話などは、その最たるものであろう。お付きの者から農民の苦情の声を知らされた慶喜は、謝るどころか農作物の買い上げを指示したというのである。そうした慶喜の姿勢も多少は関係したのであろう、彼らとの話し合いがもつれ、最終的には賠償することで解決したが、これには時間がかかったという（『女聞き書き　徳川慶喜残照』二七～二八頁）。同様のことが静岡時代にもあったと想像されるが、慶喜の庶民生活への理解力には、一定の限度があったのである。

『自由之理』

その他、「家扶日記」から判明する明治初年代の慶喜に関して興味深いのは、彼が中村正直《まさなお》訳の『自由之理』をどうやら読んだらしいことである。すなわち、日記の明治五年二月一〇日の条に、木平鎌次郎（静岡藩学校掛の木平譲）が、『自由之理』の二巻本を慶喜に内々で献上したくて戸塚文海（かつて水戸に同行し、その後、有志共立東京病院を発足させた海軍軍医）まで差し出したとある。そして、これを戸塚が取り次ぎ、慶喜に献呈《けんてい》したらしい。

幕末の慶応二年（一八六六）に幕府が派遣した留学生の取締役として英国に留学した経験をもつ中村が、ジョン・スチュアート・ミルの『自由之理』を訳出したのは、この年のことであった。すると、ずいぶん早い段階で、慶喜はこの書物を読むに至ったことになる。政権返上後まもない段階で、封建割拠体制がやがて克服され、英国流制が樹立されることを予想していたらしい慶喜が（『丁卯日記』の慶応三年一の条）、西洋流の政治思想に満ちあふれたこの書物を、どのような思いで読破気になるところではある（もっとも、先程挙げた徳川慶喜家三代の所蔵本

『自由之理』が含まれていない。西洋書籍の翻訳ものを好んで読んだといわれる慶喜だ…これに該当する書物が全くといってよいほど残されていないことを考えると、いつの時点でか散逸したものと思われる)。

3 近代天皇制国家との係わり方

渋沢栄一の証言

さて、ここから、慶喜の趣味の世界と関連させて、彼が明治初年代、誕生してまもない近代天皇制国家と、どのように係わったのかという問題の検討に入ることにしたい。

ところで、これは何も明治初年代に限ったことではないが、とくに明治初年代の徳川慶喜は、天皇制国家が成立してまもないということもあってか、慎重な対応をとる。自分の言動が大きな波紋をよびかねなかったからである。先述したように、明治期の慶喜が、一番信頼を置いた渋沢栄一に対しても、このような態度は崩さなかった。後年、渋沢は、自らが音頭をとって完成した『徳川慶喜公伝』の自序に、次のように記した(『渋沢栄一全集』第六巻、九頁)。

私が官を罷《や》めて後（渋沢は、明治二年、新政府に召されて大蔵省に入り、大蔵大輔の井上馨と共に財政制度の確立に努めたものの、司法省その他の抵抗にあって同六年大蔵少輔事務取扱を辞した）、（慶喜に）始めて拝謁した時に、在官中の見聞を話題として、三条（実美）・岩倉（具視）または大久保利通・西郷隆盛・木戸孝允などという諸公の話を申し上げると、公（＝慶喜）は何時もそ知らぬ風をなされて、話題を外に転ぜさせられるので、公はまったく政界のことを見聞せらるるを避け給う御意志であると悟ったから、その後はいささかも政治にわたる事をば申し上げなかった。

渋沢栄一

「家扶日記」はどういう訳か、明治六年の九月から一二月にかけての部分が欠落している（この間は、西郷隆盛の朝鮮への派遣をめぐって政府内で激しい対立が生じ、西郷らの下野によって、政府が分裂した時期であった）ので、渋沢が辞官後、いつ慶喜と会ったのかは、判然としない。また、因果なことに、渋沢栄一の日記もこの間の部分が残されていない。したがって、ハッキリしたことは言えないが、もし、この欠落期間中に両人が会っていないとしたら、「家扶日記」を私が見た限りでは、明治八年（一八七五）六月七日に、在官時の政府内の状況を渋沢が慶喜に語ろうとしたことになる。

渋沢が語った政府高官評

なお、若干話の腰を折るかたちとなるが、この時渋沢が慶喜に伝えようとした政府高官の人物評は、おおよそ察しがつく。後年、渋沢は繰り返し、自分が出会ったかつての政府指導者の印象を語っているからである。それには、まったくブレがない。終始一貫同じ印象を語っている。それがなかなか面白いので、ここで寄り道をしてほんの少しだけ渋沢に語ってもらうことにしよう。

まずは渋沢の上司であった井上馨から取り上げる。渋沢は、井上から愛人の存在を妻に密告されるなど、時にひどい仕打ちを受けながらも、親愛の情に満ちた人物評をしている。「すこぶる機敏の人で、見識も高く、（中略）いたって面白い磊落《らいらく》な質《たち》（であった）」と。これに対し、手厳しい評価の対象となったのが大久保利通であった。「偉い人であるとは思っていたが、なんだか厭《い》やな人だと感じてた」「厭やな人（中略）私にとって虫の好かぬ厭やな人」「底が知れぬだけに（中略）接すると、何となく気味の悪いような心情を起こさせぬでもなかった」「どちらかと申せば、仁愛《じんあい》よりもむしろ残忍に近い方《ほう》で、仁四忍六の塩梅《あんばい》であった」。

この大久保評とまさに好対照をなしたのが、西郷の評価であった。渋沢は、西郷に「すこぶる親切な同情心の深い御人（中略）将《まさ》に将たる君子の趣があった」「恩威並び備わるとは、西郷公のごとき方をいったものであらうと思う」と、最大限の賛辞を贈ったのである。その他、木戸孝允に対しては、「文学の趣味が深く、かつすべて考えたり行なったりすることが組織的であった」といった思い出を語った。また三条実美と岩倉具視については、それぞれ「まったく無定見の方《かた》」「なかなか略（＝計略）に富んだ御《お》仁《ひと》」との言葉を残した（以上、『渋沢栄一全集』第二巻による）。

渋沢はこうした人物評を慶喜に語り、慶喜はそれを聴いたあと、反応することもなく、話題を他に転じたのである。

政治的発言を避けた慶喜

ところで渋沢は、おおよそ、一、二年に一回のペースで、静岡の慶喜を訪《たず》ね「種々なる談話に時を移した」。その際、渋沢がいかに自戒したとしても、ままま「時の政治の可否得失」や時の内閣について話が及ぶことは避けがたかった。ところが、慶喜はこうした種類の渋沢の発言に、例によって「少しも耳を傾け」なかったという。そして、渋沢の言葉をそのまま借りれば、「風月の談、もしくは知人の起居動作、あるいは社会一般の風俗、年の豊凶」などについては、「興に入りてお話になりますが、（中略）政治に付いての是非得失になると、一言も批評されたことはございませぬ」(『渋沢栄一全集』第三巻、九七頁)。

慶喜は、このように自分の心酔者でかつ気を許した渋沢に対してすら、政治的発言につながる素振りは、露ほども見せなかったのである。また、徳川幹子《もとこ》「十五代さまの周辺」(『将軍が撮った明治』所収)によると、彼女の父(慶喜五男の仲博)などが「いくら維新のときのことを尋《たず》ねても」、慶喜は答えなかったという。実の息子に対してさえこうなのだから、慶喜は徹頭徹尾自らの過去、並びに時の政情については語らなかったのである。したがって、日本の新しい支配者となった天皇制国家に対して、慶喜が具体的にどのような思いを抱いていたのかといったことは解明しえない。慶喜が固く口を閉ざした以上、彼から直接聞くことはできないからである。

特定日との関係

そこで私が、この問題を解明するうえで、まず着目したのは、国家が定めた特別な意味を有する日と慶喜とのかかわり方である。明治六年(一八七三)一二月五日、浜松県は国の指令を受けて、次の八日間を家ごとに提灯や国旗を掲げねばならない祝祭日だとする布達を出した(「浜松県布達」『静岡県史』資料篇一六 近現代一、一一〇頁)。それは、一月一日、一月三日、一月三〇日、二月一一日、四月三日、九月一七日、一一月

	1月3日	1月30日	2月11日	4月3日	9月17日	11月3日	11月23日
明治7	外出	猟	記事なし	在宅	記事なし	空白	在宅
8	猟	在宅	在宅	在宅	記事なし	在宅	在宅
9	在宅	記事なし	在宅	外出	在宅	在宅	外出
10	猟	在宅	在宅	在宅	在宅	在宅	外出
11	外出	在宅	在宅	在宅	在宅	在宅	在宅
12	記事なし	在宅	在宅	欠	在宅	在宅	在宅
13	在宅	空白	在宅	在宅	在宅	在宅	在宅
14	猟	在宅	在宅	在宅	在宅	在宅	在宅
15	猟	在宅	記事なし	猟	在宅	在宅	外出
16	在宅	在宅	在宅	在宅	猟	在宅	在宅
17	猟	猟	在宅	記事なし	在宅	外出	在宅
18	在宅	外出	記事なし	在宅	猟	在宅	在宅
19	在宅	在宅	在宅	在宅	在宅	(1)	在宅
20	(2)	在宅	外出	外出	釣か猟	外出	猟
21	猟	外出	在宅	外出	猟	在宅	在宅
22	猟	猟	在宅	外出	在宅	在宅	在宅
23	在宅	在宅	在宅	外出	在宅	在宅	在宅
24	在宅	在宅	在宅	在宅	在宅	在宅	在宅
25	在宅	在宅	在宅	在宅	在宅	在宅	猟
26	在宅	(3)	在東京	在宅	在宅	在宅	外出
27	在宅	在宅	在宅	在宅	在宅	在宅	在宅
28	在宅	記事なし	在宅	在宅	在宅	在宅	在宅
29	在宅	在宅	在宅	在宅	在宅	在宅	在宅
30	在宅	在宅	在宅	記事なし	在宅	在宅	(4)
31	外出	外出	在宅	在宅	在宅	在宅	猟
32	外出(5)	在宅	在宅	外出	猟	参内	外出(6)
33	外出（年賀）	外出	参内	猟	外出(7)	参内	猟
34	外出（年賀）	在宅	参内	在宅	外出(8)	参内	在宅
35	在宅	参内	(9)	外出	在宅	参内→猟	在宅
36	外出(10)	参内→猟	参内	在宅	在宅	参内	外出
37	在宅	在宅	参拝(11)	在宅	猟	参内	在宅
38	外出（年賀）	参拝	在宅	在宅	在宅	参内	外出
39	外出（年賀）	参拝	参拝→撮影	外出	在宅	参内	在宅
40	外出（年賀）	参拝	参内	外出	在宅	在宅	在宅
41	在宅	参拝	在宅	在宅	在宅	参内	在宅
42	外出（年賀）	在宅	参内	在宅	在宅	参内	在宅
43	外出（年賀）	在宅	参内	在宅	在宅	参内	在宅

表2　特定日の慶喜の動向（鷹狩も銃猟もともに猟とした。また猟かどうか判らない場合はすべて外出とした。なお、明治12年からは、9月17日ではなく、10月17日の分を採録した）

注(1)母の病状悪化のため、この日東京へ向け出発。(2)日記の記述そのものがない。(3)母死去のため東京に滞在中。(4)静岡から東京への移転にともなって記載なし。(5)徳川宗家を経て蜂須賀家を訪問。(6)一条実輝の妻の死去を受けて一条邸を訪問。(7)華頂宮邸と一橋邸へ行く。(8)この年の12月に転居することになる小日向邸と一橋邸へ行く。(9)皇太子に呼ばれ、興津に滞在中。(10)上野の東照宮へ参拝。(11)賢所参拝。

三日、一一月二三日の八日間であった。

一月一日は元旦、一月三日は元始祭、一月三〇日は孝明天皇祭、二月一一日は紀元節、四月三日は神武天皇祭、九月一七日は神嘗祭、一一月三日は天長節、一一月二三日は新嘗祭にあたる。この中で一月一日はしいて天皇制と結びつける必要もないかと思われるので、残りの七日間に限って、徳川慶喜の動向を明治七年から同四三年までの「家扶日記」から抜き出して表2にまとめてみた（明治四三年までとしたのは、この年のすえに慶喜が隠居して、慶喜家の当主が息子の慶久となったからである。また、神嘗祭は、太政官布告によって、明治一二年以降、一〇月一七日に改定されたので、以後そちらの月日を採用した）。

この表2から何が読み取れるか。明治期の徳川慶喜の生活は、明治三十年すえの東京移転を境に、静岡時代と東京時代に二分されるが、結論を急ぐと、静岡時代の慶喜は、どうやらこれら特定日の存在をかなり強く意識していたらしい。それも、明治初年代から二十年代にかけて一貫してである。なぜなら、この間、特定日には慶喜の外出が相当程度控えられているからである。

そして、この点に関連して最初にまず留意しておかねばならないのは、前節でも指摘したように、慶喜が幼少時から極めて活動的な人間だったことである。つまり、慶喜が外出を好まない内向きの人間であったならば、別にこうしたことをわざわざ強調するまでもない。ところが、彼は、「家扶日記」から鮮明に判明するように、じっとしていることが苦手なタイプで、盛んに外出している。特に壮年期は、何度も強調するが、毎日のように猟などを目的に外出している。そうした慶喜が、これだけ外出を控えているのであるから、そこに朝廷に対する遠慮が存在したと見てほぼ間違いなかろう。

もっとも、特定日とはいっても、全部が全部同じように意識されていたわけではなかったらしい。とくに一月三日の元始祭などは猟に出た日も多く、この日は近代天皇制との関係でいえば、慶喜（家）に格別強く意識された日ではなかったらしい。ところが、他の六日間に関しては、猟などで外出した日は少なく、やはり慶喜（家）に特別の日だと意識されていた痕跡が濃厚である。

なかでも目に付くのが、紀元節（国家建設日。この日は、神武天皇が大和の橿原宮《かしはら》で即位した日とされる）と天長節（明治天皇の誕生日）である。この両日に関しては、表2からも明らかなように、慶喜は猟や釣りに出ていない。つまり殺生をしていない（唯一の例外は、東京転居後の明治三五年の天長節である。この日は参内したあと猟に出ている）。ということは、慶喜（家）が特定日の中でも、とくにこの両日を皇室（国家）にとってハレの日と位置づけ、猟はもちろん、外出も極力控えるなど、神経質な対応をとったことを意味する。

慶喜（家）は、これら特定日（なかでも紀元節と天長節）の存在を強く意識し、あえて外出を自制することで、近代天皇制国家との無用のトラブルが発生することを、当初から用心深く避けつづけたと見るべきであろう。

さらに、この両日に関することを書き足せば、「家扶日記」に紀元節・天長節両日のことが記載されるのは明治七年以降のことである（明治七年の一一月から天長節、翌八年の二月から紀元節についての記述が始まる）。そして、この両日に対する徳川慶喜（家）の対応は決まりきったものとなる。祝意を表する賀表（お祝いの言葉をつづった文書）を県庁に提出するとともに、県が主催する宴会等のセレモニーへの出席は断る（断状を提出）というものであった。これに対し、県（国）は酒饌《しゅせん》料を下賜するという対応を見せる。

なお、明治七年の天長節直後のことを記すと、慶喜は天長節翌日の四日から六日にかけて連日鉄砲を使っての猟をやっている（一一月七日は空白）。慶喜のヤレヤレという気持ちが読みとれると見るのは、考えすぎであろうか。

明治天皇の来岡

こうしたなか、明治天皇と徳川慶喜が直接対面するチャンスが訪れる。明治一一年（一八七八）に行われた天皇の北陸東海巡幸時である。天皇はこの年の八月三〇日に東京を出発し、浦和・前橋・長野・新潟・金沢・京都・名古屋等を経て、静岡に一一月三日つまり天長節当日に到着する。そして、この日から翌々日の五日にかけて、県令や裁判官・病院長らを謁見する（『明治天皇紀』第四巻）。

ところが、この巡幸時も、慶喜（家）は例年とまったく寸分も違わない対応を見せる。すなわち、天皇の来岡前日の一一月二日に、「明三日、天長節に付、（天皇の）御着輦《ちゃくれん》後、行在所へ参賀候よう（に宮内庁）式部寮より達し」があったと、県庁から連絡（通達）があったにもかかわらず、慶喜（家）は、慶喜の「所労」を理由に「御断状」を「式部寮へ差し出し、天長節御賀表も同様行在所へ差し出す」という対応をとったのである（代わりに名代を御機嫌うかがいに出す）。そして、県（国）側は、例によって、県の役人に酒饌を持たせて慶喜邸に派遣する（「家扶日記」の一一月三日の条）。

もっとも、このような対応は、県や国家サイドの指示にもとづくものではなかったらしい。慶喜の後年の回想によると、明治二年、彼の謹慎が解けたあと、天皇の再度の東幸があった時、元幕府奥医師の高松凌雲《りょううん》などから、「誠に好機会」なので、「この際天機を伺わるべし」との「申し立て」があったが、勝海舟によって、それが阻止されたという（『昔夢会筆記』二八八頁）。とすれば、徳川慶喜（家）の以上のような対応は、勝の意向を多分に受けてのものであったということになる。

そして、この点とはたして関係するかどうかわからないが、明治天皇が静岡に到着した一一月三日、当時宮内省に勤めていた山岡鉄太郎が、わざわざ慶喜邸を訪れ、慶喜と面会している。これは、もちろん、慶喜に縁の深い旧幕臣として、慶喜を表敬訪問するためであったが、それだけに留まらない目的があったかもしれない。「家扶日記」には、山岡の来邸目的について何も書かれていないので想像するしかないが、慶喜（家）の先程挙げたような対応ぶりについて、山岡は彼なりに何か事情を聴こうとした側面もあったかと想像される。

それはさておき、徳川慶喜は、これ以後も、明治天皇および皇后の迎送には加わらなかった。慶喜は、明治一三年（一八八〇）五月に、将軍時の位階であった正二位に叙せられ、一応の名誉回復を果たした後も、公爵を授与される明治三五年（一九〇二）まで同様の態度をとり続けたのである。

第三章　取り戻されたゆとり——明治十年代

弓を引く慶喜（徳川慶朝氏所蔵、松戸市戸定歴史館提供）

1 パステル・カラーの時代

維新の元勲と静寛院宮らの死

明治初年代が終わり、十年代に入ると、やがて徳川慶喜をめぐる状況に大きな変化が生じる。慶喜本人および慶喜家を取り囲む状況が、一気に和やかなものとなるのである。これには、明治一〇年（一八七七）の西南戦争時に、木戸孝允と西郷隆盛が、それぞれ病死と自死を遂げ、翌一一年五月に大久保利通が赤坂の紀尾井坂で暗殺されたことが、大きく係わったと思われる。

とくに、大久保と西郷両者の死は、彼らが幕末の最終段階にあって慶喜の前に立ちはだかり、幕府支配の崩壊を早めた中心人物であったこと、両人が権力の中枢に座った明治政権が、慶喜をいわば監視するかたちになったことを考えれば、大きな意味をもったといえよう。

またこれは、それとは別の意味においてであるが、明治一〇年の九月二日と同一六年の一一月二〇日に、静寛院宮と天璋院がそれぞれ箱根塔ノ沢（療養先）と一橋邸で死去したことも、皮肉なことだが、慶喜の緊張を解く一因となったと思われる。なかでも宮の死去が大きかったと想像される。慶喜は、東京へ転居後、宮の命日には、たとえ雨が降ろうが風が吹こうが、「私の命の恩人」だとして、宮が葬られた増上寺への墓参を欠かさなかったといわれる（『女聞き書き　徳川慶喜残照』一七二頁）。確かに、それだけのことを宮は慶喜に対して行ったのである。

だが同時に、慶喜は宮の自分に向ける頑《かたく》なまでの悪意（それは敵意めいたものですらあった）を意識したはずである。そうした恩人であるとともに、ある種の鬱陶《うっとう》しい存在でもあった宮が、脚気で亡くなったのである。慶喜の心中に、感謝の念にもとづく哀悼の意とともに、ホッとするというあい矛盾する複雑な思いが去来したとしても、なんら不思議ではない。慶喜にとって、宮の思い出は、けっして楽しいものではなかったからである（慶喜は、宮が養母ということもあって、明治一〇年の九月九日から五十日間の喪に服し、この間、日課のようになっていた狩猟を中止した。そして、一〇月二六日に葬儀が行われたあと、堪えかねたかのように、さっそく銃猟を再開した）。

また、当時ほんの子供であった徳川家当主の家達が、明治一〇年の六月に英国へ留学のため旅立ったことも、慶喜の心を安穏にさせるうえで、いくばくかの係わりをもったかもしれない。なにしろ、まだ十代半ばの少年であったとはいえ、従属すべき宗家の当主が不在となったのだから、少しは楽な気持ちになったことであろう（家達が五年間の留学を終えて帰国するのは、明治一五年一〇月である）。

永井尚志の来岡と大久保利通の死

ところで、これは明治期の慶喜に関連してよく取り上げられる有名な史実だが、明治一一年（一八七八）の五月一八日に、かつて慶喜の腹心であった永井尚志がわざわざ静岡にやって来て、慶喜との面会を求める。ところが慶喜は、同日やはり慶喜邸を訪れた渋沢栄一とは会っているにもかかわらず、永井との面談は拒絶した。

永井尚志（『永井玄蕃頭尚志手記』より転載）

このことは、渋沢にも余程印象深かったのであろう。彼は『徳川慶喜公伝』の本文中に、わざわざ、「明治一一年五月一八日、永井尚志と同日に伺候せしに、余には面謁を許し給いけれど、永井は遂に謁見を得ざりしこともありき」（四巻、二六八頁）と書き入れさせている。もっともこれは、慶喜は、自分にだけは会ってくれた（それだけ慶喜にとって自分の存在は格別であった）という渋沢の自慢話と受けとれなくもないが、渋沢にしても、慶喜が永井と面会しなかったことは意外だったのであろう。それが、こうした付け加えとなったと思われる。

なお、ここで個人的な話を記すと、私は、永井尚志の曾孫にあたる永井三明先生（西洋史家で、ヴェネツィア史研究の第一人者）から直々に、永井家では尚志がこの時、慶喜から会見を拒絶されたために、寂しいものを感じたとの話が語りつがれていることを、お聴きしたことがある。なるほど、第三者の眼から見て、慶喜のこの時の対応は冷たいの一言に尽きる。永井尚志が、慶喜の前半生にとって、もっとも重要な位置を占める人物であったことを知る身としては、特にそう思う。

永井は、福井藩関係者が残した記録(『丁卯日記』)中の慶応三年(一八六七)一一月一四日の条に、「内府公(=慶喜)の御腹心にて、実に政権に執着これ無きは、永井ばかりにて、松山(=老中の板倉勝静)以下には、必ず復古の臆念これ有るかとの嫌疑これ有り」云々とあったように、慶喜が政権返上を決断した真意を理解できたほとんど唯一人の人物であった。じじつ、政権返上にあたって慶喜の真意を諸藩の重臣に伝えるために記された書付や朝廷に提出された「政権返上上奏文」は、慶喜の指示を受けて、永井が書いたものである。

この永井を、慶喜は、江戸に帰還後、朝廷の譴責《けんせき》を蒙ったことを理由に処罰する(免職し、登城禁止とする)。こうしたこともあって、永井は慶喜と袂《たもと》を分かち、榎本武揚らと明治元年八月箱館に向かう。ついで箱館では、榎本総裁のもと、新たに発足した政府の箱館奉行を務める。が、翌年五月に、新政府軍との戦いに敗れ、そのあと、主謀者の一人として江戸に護送され、明治五年正月に特赦となるまで獄中ですごす。つづいて、出獄後は、開拓使御用掛・元老院権大書記官等を経て、明治九年一〇月に退官する。そして、隠退後は、最も親しかった岩瀬忠震《ただなり》（旧幕臣で外国奉行）が晩年に住んだ向島寺島村別墅岐雲園で余生を送った（『永井玄蕃頭尚志手記』所収の「永井尚志伝」による）。

このような経歴の持ち主である永井が東京から静岡までやって来て、慶喜に十年ぶりに面会を申し込んだのである。慶喜は「御機嫌うかがい」に来邸した永井と会って然るべきであったろう。それが人の情というものだったからである。だが、彼はそうしなかった。永井が大いなる寂寥《せきりょう》を懐《いだ》いたのも無理はなかったのである。

永井との面会を拒絶した理由

では、慶喜が永井との面会を拒絶した理由は何か。これが、つづいて問題となる。これにはいくつかの候補が挙げられよう。まず常識的な発想では、慶喜が旧幕臣でかつ獄に繋がれたことのある永井との会見を、遠慮したことが考えられる。

実は、永井が静岡にやって来る直前の五月一三日に、元若年寄で慶応四年の正月には老中格会計総裁をも務めた立花種恭《たねゆき》が、「御機嫌うかがい」に訪れている。しかし、「家扶日記」には、慶喜が会ったとは記されていない。また、このあと、明治一四年（一八八一）の五月二〇日と一〇月二三日に、やはり幕末時、慶喜と極めて因縁の深かった松平慶永《よしなが》と板倉勝静が、それぞれ「御機嫌うかがい」に来邸したが、日記には両人と会ったとは書かれていない。

ということは、この頃の慶喜は、旧幕時の有力者とは、いっさい会わないという方針を堅持しており、それが永井との面会を拒否した最大の理由であったと想像される。また永井がひとりで来たのならまだしも、渋沢と同時に来邸したため、両者の同席を避けたとの考えも成り立つかもしれない。が、いずれにせよ、この辺の判断は推測以外の何物でもない。

その他、私には、少々意外と受け取られるかもしれないが、案外この件に深く影を落とした可能性があると想像するものがある。それは四日前（五月一四日）に発生した参議兼内務卿であった大久保利通の暗殺事件である。

大久保の突然の暗殺によって、政局に激動（それも極めて大きな）がはしることが予想された時点で、近代天皇制国家に対して複雑な立場にある慶喜が、永井尚志に会うことを遠慮したとしても、なんら不思議ではなかろう。そして、渋沢が来邸した日時から考えても、おそらく、渋沢の来岡目的の中に、慶喜に大久保暗殺に至る背景を至急知らせる意図があったものと想像される。残念ながら、この間の渋沢の日記が残されていないので断言はできないが、四日間という日時は逆にその可能性を示唆しているように思う。私は、この件で慶喜を擁護するつもりは毛頭ないが、もし仮にそうだとすれば、永井にとって来岡した時期はタイミング的に真に悪かったとしか言いようがない。

最も幸せな時代

それはさておき、明治十年代の慶喜は、一気にくつろいだ様子を見せ始める。とくに明治一三年（一八八〇）の五月に正二位を授位され、位階のうえで将軍時と同格に復した後は、その傾向が強くなる（この時、板倉勝静や松平定敬らにも同様の措置が講じられたことを考えると、これは明らかに、士族反乱終結後の不穏な政治状況の中にあって、旧幕グループを体制内に取り込もうと意図してなされたものであった）。「家扶日記」を見る限りでは、おそらく慶喜の七十数年におよんだ人生の中で、最も幸せな時代は、この明治十年代であったと思われる。生命の危険に脅かされることもなく、子女にも恵まれ、母登美宮や徳川昭武といった気心のしれた近親者との交流も、手紙でのやりとりも含めて、十分にもてたからである。また、趣味の世界にどっぷりと浸かるだけの体力もまだ残されていた。

こうしたことを反映して、明治一四年（一八八一）一〇月二日付の『函右《かんう》日報』に、「（慶喜が）明治初年以来、世事には少しも懸念されざる体にて、ただ遊猟等で日を過ごし、もっぱら運動は出歩行なるのみ、故に大食なるは近侍の者も驚きおりたり、然れども、今日たとえ其の筋（＝政府筋）より召されても、早速出京さるべしとは思わぬぞ、と語った」云々との記事が載せられる（『慶喜邸を訪れた人々』七六頁）。記事の信憑性はともかくとして、慶喜の日常の気分は、ほぼ正確に伝えていよう。

母登美宮と弟昭武の来岡

慶喜に春を告げる使者となったのが、母登美宮であった。彼女は、慶喜が再度水戸を去ってから約九年が経過した明治一〇年の四月、静岡の慶喜邸を訪れる。もちろん初めての静岡訪問であった。この時慶喜は、母を出迎えるために、四月七日、自ら興津駅までおもむき、一緒に帰邸する。以後、妻美賀子と三人で安倍川や大谷川に釣りにでたり、久能山東照宮や浅間神社へ参詣（同神社の楼閣からの眺望が良かったという）したりと、母の接待に心をくだいた。またこの間、四月から五月にかけて数日にわたって講釈師を招き、母を慰めた。そして、登美宮は、一カ月以上がたった五月九日に帰京する（むろん、この時も慶喜は倉沢まで見送った）。

ついで、同一五年の一〇月にも、熱海での湯治を名目に母が来岡する（熱海までは徳川昭武が供をした）。この時の慶喜は、一〇月二一日に熱海まで出向き、約十日間を熱海で母・昭武と共にすごす。そして、沼津で一泊したあと一〇月晦日に一緒に帰邸する。そして、やはり母を楽しませるために四日間にわたって講釈師を呼ぶなど、慰労に努めた（一一月一〇日登美宮は帰京するが、この時も慶喜は母を熱海まで見送り、数日をすごした）。

そして、母との明治十年代の親密な間柄を締めくくることになったのが、明治一九年（一八八六）一一月の慶喜の明治期最初の上京であった。一〇月すえに母登美宮が病気だとの知らせを受けた慶喜は、すぐに上京を決定し、とるものもとりあえず一一月三日静岡を出発する。これは、上京するにあたって、関係各所と相談しなければならなかったことを考えれば、まことに迅速な決定であり行動であった（一一月一七日、帰邸）。

他方、弟昭武との関係であったが、廃藩置県後陸軍に入った昭武は、再度の留学を終えた（彼は四年間に及んだフランスでの留学を終了して、明治一四年六月に帰国した）あとの明治一五年の二月四日、初めて静岡にやって来る。これは、幕末の京都で別れて以来、じつに十五年ぶりの対面であった。そして、翌日朝早くから慶喜は弟と安倍川周辺に狩猟に出る。ついで明治一八年（一八八五）の二月八日に再び来岡した時は、金谷へ狩猟に出向く。男兄弟であったことに、訃報が重なって（明治一五年の来岡時には、兄弟の松平武聡《たけあきら》〔旧浜田藩主〕死去の報が慶喜邸に届いた）、両回とも、昭武の静岡滞在は、六日から十日前後にとどまったが、共通の趣味を通して、密度の濃い時間を彼らは共有したのである。

趣味の世界の多様化

ゆったりとした気分は、もちろん彼の生活のリズムや趣味の世界にも、ただちに反映された。明治十年代に入ると、熱海へ湯治に出かけ、また子供たちを連れての久能山や浅間神社への参詣・花見・花火見物・釣り・狩猟・散歩も多くなる。

また、趣味の世界も一段と多彩なものとなり、静岡を興行で訪れる伊東花林や栗原久長といった講釈師を自宅に招いて、彼らの講談に耳を傾ける機会も増えてくる。慶喜の趣味の大きな特徴のひとつは、ある時期集中して取り組む点にあるが、彼は明治一三年から一六年にかけて、講談に興じたのである。当時、講談は庶民の人気娯楽であったが、慶喜は彼らの演じる「大岡政談」などを見聞することで、将軍時にはおよそ考えられなかった楽しみを味わうことができるようになったといえよう。また同様に、十年代には、軽業師や手品師などを呼んで、彼らの芸を直接見る機会も出てくる。

ところで、慶喜の最大の楽しみであった銃や網を使っての雉子・鷺・鴨猟や鷹狩であったが、これはさすがに中高年期に入ったこともあってか、自然とその回数は減ってくる。転換期となったのは、明治一〇年代半ばすぎであった。明治一五、一六、一七年頃を境に、銃猟も鷹狩も、その回数が少なくなる。そのうえ行動範囲も次第に狭まり、榛《はい》原《ばら》郡や富士郡などにまで広がっていた狩猟の範囲が、近隣の岡部宿や庵原《いはら》郡あたりでの狩猟が中心となってくる。

「家扶日記」の明治一八年三月二〇日の条に、「御歯の儀に付、入歯師が出頭」とあることに象徴されるように、慶喜の老齢化の進行とそれに伴う体力の低下が次第にハッキリとする。その代わり、体力をそれほど使わない囲碁・謡い・弓等の占めるウエイトが自然と大きくなってくる。また時に、鷹狩に替わるものとして、隼《はやぶさ》を使っての青鷺猟なども行われるようになる。これは、飼育した隼を刈田などにいる鷺の群れの中に放ち捕らえさせるというものであったが、慶喜はこれに興味をもったのである。

2　歴史上の人物となりつつあった慶喜

揮毫の依頼とグラント将軍

また、将軍の座を降りてから十数年を経過した、この明治十年代に入ると、慶喜が次第に歴史上の人物としてあつかわれだすことにも着目しておく必要があろう。十年ひと昔とは、よくいったもので、維新から十年以上を経過したこの段階になって、慶喜の存在がようやく客観的に捉えられ出したのである。もっとも、それまでの慶喜は、マスコミ的にはほぼ忘れられたに等しい存在であった。ごくたまに新聞紙上に取り上げられることがあったとしても、それはおおむねゴシップの対象としてであった。

たとえば、明治七年（一八七四）二月二二日の『東京日日新聞』には、次のような記事が載せられている。「徳川慶喜公、駿豆の諸山より百合を掘りて外国へ送るの商法を起し、自ら鍬を採りて、これを掘り、なお人をも指導して掘らせ、すでに大利を得られたりと。頃日静岡より来りし人の話なり」。そして、この記事の傍らに、将軍時の慶喜の写真が掲げられ、それには「昔は十五代将軍、今は百合作りのお百姓」との字句が付せられていた。「人の口には戸が立てられぬ」というが、それにしても悪意に満ちた記事といってよかろう。明治初年以来、最上級の香水を製造するための材料として、白百合がさかんに横浜からヨーロッパに輸出されるようになったが、これに慶喜が係わった証跡は見出せない。慶喜に敵意を抱く旧幕臣の筆にでも成ったものであろうか。

それはさておき、慶喜が歴史上の人物となりつつあったことに話をもどす。このことがうかがえるなによりの具体例は、彼の揮毫《きごう》が求められ出したことと、グラント将軍の歓迎レセプションへの出席要請であった。

前者に関しては、まず地元静岡の学校関係者や住職等から、彼の直書が求められ出す。そして、明治二十年代にかけて、神社の額面への染筆や短冊への揮毫などが要請され出す。もちろん、慶喜がこれらの依頼に応じることは滅多になかった（数少ない例外といってよかったのが渋沢栄一であった。「家扶日記」の明治一六年二月二一日の条に、慶喜が渋沢から頼まれていた書九枚を家令に下げ渡したとの記述があることからもわかるように、慶喜は渋沢の依頼を拒めない関係にあったのである）が、これが歴史上の人物となりつつあったことの直接的な反映であったことはいうまでもない。

また、明治一二年（一八七九）の七月八日、東京の徳川宗家用人の貴志忠孝が、宗家家令の溝口勝如《かつゆき》の書簡を携えて来邸する。これはグラント将軍の歓迎レセプションに事よせて、慶喜を出府させようとする申し出であった。南北戦争で勇名をはせたグラントは、アメリカ合衆国大統領を二期にわたって務めたあと、世界漫遊の途次、七月から九月にかけて日本を訪れた。

このグラントを、朝野をあげて歓迎するために、盛大な招待会が計画され、その際、久しく静岡にあった慶喜を来賓として招こうということになったのである。勝海舟の日記によると、この計画の中心にいたのが、溝口や小室信夫《しのぶ》（当時政界から実業界に移っていた）であった。溝口はともかく、小室が慶喜の出府にこだわった最大の理由は、おそらくラスト・エンペラーとしての慶喜の名とその魅力を、アメリカ（グラント）側が十分に知っていたことに求められよう。すなわち、小室は、慶喜を招くことで、会場に華を添えようとしたと考えられる。そして、溝口や小室から、この計画実行の許可を求められた勝は、「御出府否《いなや》は（慶喜の）思し召しに決し然るべく」と、出府するかどうかは慶喜の判断に任せると応えた（「家扶日記」七月五日の条）。

これに対し、慶喜は病気を理由に出府を断る。そして、この慶喜の返書は、津田仙《せん》（当時著名な農学者で、津田塾創始者の津田梅子の父親でもあった）に託されて、小室に渡される（同前、七月一六日の条）。

3　主役の交代

慶喜から厚へ

なお、この明治十年代における徳川慶喜家内の重要な変化として、当主の座が慶喜から厚に移ったことにもふれなければなるまい。すなわち明治一五年（一八八二）の一一月六日をもって、四男の厚（事実上の長男で、当時満八歳）が徳川宗家からの分家（別戸分籍）を認められ、晴れて華族の一員となる。これにともなって慶喜家内では、一一月九日から、厚が邸の代表として、厚を殿様と呼ぶようになり、また表の顔として、厚が活動するようになる。また、県令・大書記官への年頭の挨拶も彼が出向いて行うようになる。そしてこのこと（厚が慶喜邸の代表者となったこと）は、明治一七年七月七日に、華族令により厚に男爵の爵位が授けられたあと、いっそう確かなものとなる。

ところで、近代天皇制国家との関係で、ここにハッキリとさせておかねばならないのは、この段階で慶喜家（厚家と書くのが本当だが、論述の関係上以後も慶喜家とする）が、近代天皇制国家にほぼ完全に包摂されるに至ることである。すなわち、宮内省華族局↓松平確堂（斉民、徳川家達の後見人）↓公爵徳川家達↓男爵厚というルートを経て、慶喜家に指示がなされるなど、華族の序列（ただし最下位）のなかにしっかりと位置づけられるようになる。

もっともその反面、慶喜個人は、前代より一層気楽な立場に安住できるようになったとはいえる。彼は、渋沢らごく一部の気心の知れた来訪者と会う以外は、趣味の世界にどっぷりと浸り、安穏な日々を過ごすことになったからである。それは、気が向いたら狩猟・囲碁・将棋を行い、久能山東照宮に参詣し、義太夫や西洋手品を見て楽しむという、真に優雅な世界であった。また、慶喜にとってありがたいことに、明治一七年の一〇月、旧幕臣でかつ心安すかった関口隆吉《たかよし》（新村出の実父でもあった）が、第三代目の静岡県令に就任する。

私が本章の冒頭部分で、明治十年代こそ、慶喜の人生で最も幸せな（淡いパステル・カラーのような色彩に包まれた）時期だったと記したのは、こうした慶喜の置かれた状況を知ったからである。そして慶喜は、厚に邸の代表者としての座を譲り、来訪者と前代にもまして会わなくなったため、逆にこのあと、より神秘的な存在となっていく。

梅沢孫太郎の死と家扶の交代

なお、徳川慶喜家における主役交代との関連で、さらに書き足せば、使用人の世界でも同様のことが明治十年代に起こった。すなわち、厚へ当主の座が移る前年にあたる明治一四年（一八八一）五月二〇日、幕末以来長く慶喜に仕え、明治期に入ったあとは家令として、慶喜を陰で支えてきた梅沢孫太郎が亡くなる。梅沢は、原市之進が暗殺された後、文字どおり股肱《ここう》の臣として慶喜の手足となって活躍した幕末史上に残る知名の士であった。そして、慶応四年の三月には、慶喜の意を受けて、東山道鎮撫総督のもとに至り、慶喜の救解を嘆願する役目さえ担った。こうした経歴の持ち主であっただけに、慶喜の梅沢を哀悼する気持ちは深く、現在彼の墓前に供えた次のような歌が残されている。

会わぬ日も常にはあれど、今は世になしと思えばなつかしき哉
はかなくも身は白露と消えぬれど、残るは君が操なりけり

そして、梅沢が死去した翌月の六月一一日、新たな人事が発表される。まず梅沢の後任として、旧幕臣で静岡藩勘定頭などを務め、経理に通じていた小栗尚三が、家扶（用人筆頭）に任命される。その他、御家扶格に新村猛雄（翌明治一五年一二月二七日家扶に昇格）が、二等家従に梅沢覚（孫太郎の三男）が、三等家従に成田藤次郎が、それぞれ命じられる。そして、この後、小栗と新村の両者が交互に「家扶日記」の執筆にあたったことは、既述したとおりである。

厚の就学猶予願い

このように、明治十年代の半ばを境に、徳川慶喜家には主従ともども大きな変化がみられた。が、しかし、表向き厚が慶喜邸の代表者になったとはいえ、実質面でもそうなるにはまだそれ相当の年月を必要とした。なにしろ、分家を認められた当時の厚は、まだ満年齢で十歳にもならない少年だったからである。したがって、慶喜にとって厚がまだほんの子供であったことは疑いない。たとえば、このことがよくわかるのは、彼が厚の学習院への就学を遅らせようとしたことである。

明治一七年の七月に華族令が公布され、先程書いたように、厚に男爵の爵位が授与されたが、この華族令の第十条には、「華族はその子弟をして、相当の教育を受けしむるの義務を負うべし」とあった（『華族会館史』二一六頁）。ついで、翌年施行された華族就学規則によって、学齢期の華族男子子弟の学習院入学（入学学齢は満六歳と規定された）が義務づけられる（『学習院大学五十年史』上巻、一五頁）。ということは、明治一八年（一八八五）当時満年齢で十歳をこえていた厚は、ただちに学習院への入学を果たさねばならなかったということである。ところが、慶喜は、これを受け入れようとはしなかった。

徳川慶喜家では、明治一八年の一〇月、厚の上京猶予を医師の診断書を添えて宮内省に提出する（むろん東京の宗家を経由して）。だが宮内省から、診断書は「官医」が作成したものでなければ「照会」におよぶ規則だと指摘され、そこで「病院御用掛り医師」の佐橋貢に診断書の作成を依頼して厚の就学をまぬがれる（「家扶日記」一〇月一九・二〇日の条）。

このような就学を先送りしようとする行為は、翌明治一九年の二月・七月と同二〇年の一月にも繰り返され、厚は依然としてこの間静岡に留まった。厚が学習院の入学試験を受け学習院の予備科第三学級に、五男の博が予備科第四学級に、それぞれ編入したのは、明治二〇年（一八八七）四月二九日のことであった（同前、四月三〇日の条）。

慶喜のこの行為は、大袈裟に書けば彼が子弟の教育に関して、国に対していささかの抵抗を示したということになるが、ようは厚を手放すことに寂しさを感じた結果であろう。彼もやはり人並みの父親だったのである。

時勢への関心を隠せなくなる

いっぽう、邸内主役の座から降りることで、慶喜の中に余裕が生まれつつあったことを背景に、慶喜はほんの一瞬興味深い行動をとる。明治一七年（一八八四）の五月一一日、彼は厚（当時満九歳）を連れて、新聞縦覧所へ行ったのである。

私はこの新聞縦覧所が静岡のどこにあったのか知らないが、若干の見料をとって各種の新聞を見せる場所であったろうこの場所で、慶喜は息子と新聞を閲覧したのである。

そしておそらく、このことが慶喜に知的刺激を与えたのであろう、六月一四日から慶喜邸に『朝野新聞《ちょうや》』が配達されることになる。ついで、何を思ってか、六月一九日、東京の宗家に、宗家が取っている『朝野新聞』を送ってくれるように家扶を通じて依頼する(同新聞は六月二三日に配送される)。

これだけの事実から深読みするのは危険だが、慶喜は何故このような行動に出たのであろうか。考えられるのは、次の三点である。第一点は、明治十年代に入って、自身の身辺を取り囲む状況が急激に静穏なものとなるなか、生来情報の収集に熱心であった慶喜が、新聞を通して様々な社会情勢を知ろうと思いたったことである。第二点は、慶喜家の若き当主となった厚に、社会情勢を察知する姿勢の確立を求めて、その手っ取り早い手段として新聞を読ませようとしたことである。第三点は、慶喜に何か読みたい記事があり、それを見るために新聞縦覧所に行ったことである。

以上の三点が、慶喜が息子の厚と新聞縦覧所に出かけた理由として考えられるが、つづいて慶喜家が『朝野新聞』を取るようになり、そのうえ東京の宗家に自分が読めなかった間の『朝野新聞』を送るように依頼した理由を検討することにしたい。

じつは、慶喜が東京の宗家に新聞の配送を依頼したのは、これが最初ではなかった。「家扶日記」の明治一一年(一八七八)四月一〇日の条に、『報知新聞』の同年四月一日号からの分が廻付されたとの記事が見られるからである。これは、東京の宗家からとは書かれていないものの、おそらく宗家からの配送であったと思われる。ただ、この時と今回が決定的に違うのは、慶喜家が購読するようになった以前の『朝野新聞』の送付がわざわざ宗家に依頼されていることである。慶喜はよほど新聞縦覧所で見た『朝野新聞』の記事中に興味をひきつけられるものがあり、その前の部分を読みたかったのであろうか。

慶喜が五月一一日にどのような記事を読んだのか、それが知りたくて、『朝野新聞』にあたってみた。対象とした時期は、慶喜親子が新聞縦覧所に出向いた五月一一日から逆算して、一カ月前にあたる四月一二日から五月一一日までの間である（なおこれは、いわずもがなだが、念のために書いておくと『朝野新聞』と『報知新聞』は、ともに幕臣から新聞記者に転じた二人の人物が編集の中心にいた。その二人とは、機知に富んだ政府批判を展開した『朝野新聞』の成島柳北《なるしまりゅうほく》と、かつて外国奉行や勘定奉行を務め外国通として知られた栗本鋤雲《じょうん》であった）。

朝野新聞の記事

『朝野新聞』の記事は四項目からなっている。官令、雑報、論説、雑録である。官令には、太政官布告や大蔵省他諸省の告示が掲載されている。論説では、独裁政治と立憲政体の違いについてふれた君道論や、政事家の資格および町村会法と戸長選挙について論じた記事などが目立つ。雑録は、論説よりやや軟らかなテーマを扱ったものが主で、政治的なテーマのものも含まれるが、岸田吟香《ぎんこう》の「呉中紀行」や末広鉄腸の「相模三日紀行」などの紀行文が、この間連載されている。

これらに比し、『朝野新聞』の中心となるのが雑報である。これは文字どおり、雑報という名からも容易に理解しうるように、種々雑多な記事から成り立っている。なかでも核となるのは、諸外国（ロシア・ドイツ・フランス・イギリス・アメリカ・中国・朝鮮他）に関する情報、各地の府県会の様子をふくむ自由民権派の動向を扱った記事、内国絵画共進会関係である。その他、政府役人の人事や叙勲、天皇・皇后・宮・大臣らの動向について触れた記事も少なくない。また、慶喜の地元である静岡に関する記事も、わりあい目につく。

さて、慶喜が『朝野新聞』中のどのような記事に興味を覚えたかであるが、結論を先に記すと、私には特定できなかった。さらに、ここで正直に告白すると、私は最初、慶喜は自由民権運動関係の記事を読みたかったのではないかと想像した。慶喜が息子の厚と新聞縦覧所を訪れた明治一七年は、政治史的にいえば、普通、自由民権運動が激化した年ということになっているからである。明治政府の顚覆《てんぷく》を目指したことを理由に自由党員が逮捕された名古屋事件や加波山事件は、いずれもこの年のことであった。また、激化事件の掉尾《とうび》を飾る静岡事件（やはり民権派中の激派が、政府顚覆を図ったとされる）

の端緒的な動きが出てくるのも、この年のことであった。他方、民権派が攻撃の対象としたその明治政府の中枢にいた伊藤博文らが中心になって、憲法制定に向けての具体的な動きが出てくるのも、この年であった。

こうしたことが念頭にあったものだから、自由民権運動との関連に注目したのである。だが、前々年に発生した福島事件（福島県令の三島通庸《みちつね》と自由党員・県議会が対立した事件）に関連した記事などが若干載っている以外に、とくに民権派の起こした事件についての記事は見当たらなかった。たしかに民権派系の新聞の発行停止や民権派の関係する政談演説会等の記事は一カ月間継続的に掲載されている。そういう点では慶喜の関心をひいた可能性はなしとはしない。だが、府県会の動向を含めて、民権派関連の記事が大きなウエイトを占めるとまでは、断言しえなかった。

そこでその他の記事が問題となるが、一カ月間ほぼ毎日掲載されていたのが、内国絵画共進会に関する記事である。これは、世を挙げての西洋心酔の前に、衰退に向かっていた伝統芸術の興隆をはかるために、明治一五年（一八八二）一〇月に第一回が上野公園内で開催されたものである。すなわち、狩野派や四条派・土佐派それに浮世絵系統などの絵師の作品を一堂に展示して、その中の優秀な作品に賞状と賞品を出すことで、在来芸術の隆起振興をはかろうとしたものであった。その第二回がこの年四月一一日以降開催されたのである。

られた。慶喜が閲覧した可能性のある期間中、ほぼ毎日、出品された作品の紹介と講評が載せら慶喜は、自ら西洋画を描いたことでも明らかなように、美術に関心が深かったしいので、こうした記事に関心を抱いたのかもしれない。

つづいて私の眼にとまったのは、ポツリポツリという形で載せられている西洋伝来の新しい（科学）技術や政治思想等に関する記事である。前者から挙げると、四月一五日に「下総国下志津原に於て軍用村田銃の遠距離試験」が実施され、その結果がどうであったかについてごく簡単に書かれた記載がある。同じく四月一七日には、ン氏」が、「空気の圧力にて爆裂薬を発射すべき銃砲を発明」したとか、イギリスで「英人ミフィ「電話器」の長距離通話に成功したといった記事が見られる。その他、フランスで発明された「太陽熱度の蒸発」によって、「運転をなす器械」が「近比（頃）大坂造幣局」で「製造」されたとか、資生堂から発売された「ペプシネ飴」が「胃弱諸症に応用すべき健胃強壮剤」で盛んに売れているといった類の記事が垣間見える。

また、後者に関するものを挙げると、スペンサーやアダム・スミスの著作あるいはイギリスの政党政治やドイツのビスマルクの動向に係わる記事も結構多い。したがって、「大ハイカラ」で、また幕末以来、欧米の政治思想や政体に大いに興味を抱いていたらしい慶喜が、これらの記事に関心を示した可能性はある。じじつ、明治一四年の一〇月に、北海道開拓使官有物払い下げ事件に端を発した一連の騒動で、きたる明治二三年を期して国会を開設するとの詔勅が降っていたことを考えれば、慶喜がこれらの記事を興味深く読んだとしてもおかしくはない。

以上いくつか、慶喜が閲覧した可能性のある『朝野新聞』の記事の特色を挙げてみたが、ようするに慶喜がどの記事に関心をもったのかは特定できなかった。しかし、ここまで書き進めてからこう記すのも変だが、特定することにそれほどの価値はないかもしれない。それよりもむしろ重要なのは、政治的な動きもふくめて、慶喜がこの時期、日本のみならず広く世界中で起こっていた同時代の出来事についての関心を抑え切れなくなり、それをいくぶんかでも充足させるべく行動を起こしたことであろう。彼はようやく、この段階に至って、自己の好奇心を満たせる条件が少し整ったのである。

4　徳川宗家との関係

身分的従属

記述の関係で大変遅くなってしまったが、ここで静岡時代の慶喜（家）にとって、最も大きな意味をもった徳川宗家との間柄についてくわしく述べることにしよう。

慶喜が明治初年の段階で徳川家達の隠居（養父）という形になったことは既述したが、

この時、慶喜は本当に何もかも自分の持ち物を宗家に譲ったらしい。そのため、のち明治三五年の六月に慶喜が公爵となると、「御宗家・御三家・御三卿・御家門方から、公爵家の体面を保てるような掛け物や飾り物などを頂戴してやっと公爵の体裁を保つことが出来た」という（『女聞き書き　徳川慶喜残照』五一頁）。

慶喜が、当初こうした行動にでたのは、それだけ彼の世捨人志向が強かったことによろう。しかし、ここまで全てを投げ出すことに徹したために、結果的に静岡時代の慶喜（家）は、身分上のみならず、経済的にも完全に宗家の管轄下におかれることになった。まず身分上のことから記すと、静岡時代の慶喜（家）は、徹頭徹尾東京の宗家に支配されたといってよい。そしてこれには、慶喜の家達への遠慮が大きく係わった。彼はことあるごとに、縁づくまで東京の宗家に預けられていた娘たちに、家達に従順であるように「厳しく申し渡」したと伝えられている。そして、松平確堂（斉民）四男の斉から求婚された七女の浪子が嫌がった際には、静岡（西草深）の邸に彼女を呼んで、家達に世話になっていること、「津山の松平（＝松平確堂）には義理もある。浪には気の毒であるが、勝手を申してはすまぬ事だ。辛抱してくれ」と頼み、浪子が「泣く泣く承知」するという一幕もあったらしい。またこのような関係を受けて、家達が、慶喜の娘に「慶喜さんは徳川を滅ぼしたお方。私は徳川家を再興した人間」だと発言することもあったという（『女聞き書き　徳川慶喜残照』七八～七九・一三二頁）。この慶喜と家達の在り方が宗家と慶喜家との間柄を規定することになったのである。

それがいかに徹底して一方的な関係であったかは、慶喜家の家令・家扶・家従ですら、すべて宗家から任命されたこと一つとってもわかる。晩年の徳川慶喜の回想（『昔夢会筆記』二九〇頁）中にある彼自身の言葉をそのまま借りると、「（家令や家扶等）その任免の書附は、千駄ケ谷（当時徳川家達が居住していた）より廻し来れるを、予（＝慶喜）が手より渡したるなり」という状況であった。これが静岡時代の慶喜家の実態だったのである。

もっとも東京の宗家といえども、慶喜（家）に対してはハッキリと主人格と位置づけられたものの、徳川一族内では独裁者でありえなかった。家達の後見人として松平確堂が控えていたし、徳川一族による締めつけもあったからである。徳川一族とは、旧徳川御三家（水戸・尾張・紀州三藩）や旧御三卿（一橋・清水・田安家）を含む徳川の一族十四家から構成されたものである。

一橋家の「家扶日記」によると、これら徳川一族は、「投票」で「徳川宗族長」を選出したらしい。同日記の明治一一年一〇月一二日の条には、それまで前名古屋藩主の徳川慶勝がこのポストに就いていたが、彼が辞意を表明したため、投票が行われたとの記述がある（なお、この時の投票では一橋家第十代当主の徳川茂栄と旧高松藩主の松平頼聡《よりとし》の両名が同数となり、この日〔一〇月一二日〕尾張徳川家の邸〔浅草瓦町にあった〕で一族が会合協議した結果、松平頼聡が選出された。そして、頼聡の任期が満了した三年後の明治一四年一一月一日には、今度は徳川茂栄が族長に選出される（『新稿　一橋徳川家記』六七二〜六七四頁）。

そしてこの徳川の宗族会は、どうやら構成メンバーに対して、監視めいたことも時に行ったらしい。慶喜家の「家扶日記」にもそのように受け取れる箇所がある。むろん、若輩の徳川家達が当主を務める宗家に対しても、この干渉はおよんだものと推測される。

他方、宗家には、これ以外に御目付役（それも強烈な）が存在した。勝海舟や大久保一翁・山岡鉄太郎である。彼らは家達に対して、後述するように、宗家としてのあるべき姿を求めた。当然それは、宗家の支配下にあった慶喜家に対しても同様であった。三人の中でも最も強い規制力をもっていたのは勝海舟であった。このことは、後年大正元年の時点で、静岡時代の相談相手が誰であったかを問われた徳川慶喜が、次のように簡潔に返答していることでも明らかである。

相談相手は勝安芳・溝口勝如（もと伊勢守）の二人なれども、主として溝口に相談せり。それがため溝口は毎年春秋に一度ずつ静岡に来るの例なりき。（『昔夢会筆記』二九〇頁）

これには若干の解説が必要であろう。宗家家令の溝口勝如の背後には勝海舟が控えていたからである。溝口は、もちろん宗家の用事で来岡することが多かったが、しばしば勝らの指令を受けて静岡にやって来た。すなわち来岡した溝口は、勝・大久保・山岡三者の伝言を取りつぎ、かつ彼らの土産を手渡し、併せて宗家の指令を伝えたのである。そして慶喜は、この溝口に様々な相談をもちかけ、海舟らとの折衝もまかせた（なお溝口は、静岡に滞在中、慶喜の主催した謡講に参加するなど、慶喜の趣味の世界を彩る一員となった）。

経済的従属

つづいて、徳川慶喜家が経済面でも宗家の管轄下にあった話に移ろう。徳川家達が廃藩置県後、東京に移ってからの慶喜（家）は、東京の宗家から定期的に送られてくる「定例御廻金」「御定例金」「御定金」「御賄料金」などと称された定額金と、不時の出費が必要となった際に支給される一時金（「臨時御廻金」「臨時御入用金」）が、その主たる収入源（つまり生活費）となった。一時金とは慶喜が西草深に明治二一年（一八八八）に新邸を構築した際の費用（土地買収代、工事代、引っ越し代など）や子女の東京遊学にともなう諸費用等に当てられたものである。また、慶喜が母と会うために上京した折などには、宗家が費用を一時的に立て替え、のち定額金からその分が差し引かれ支給された。

さて、その一時金を除く「定例御廻金」の額であったが、「家扶日記」には、宗家から支給された金額とその支給日がすべて書かれているわけではないので、年度別の正確な収入の詳細を明らかにすることは不可能である。ただ「家扶日記」からは、おおよその概要はわかる。それは、①明治一七年三月あたりまでは、毎月決まった額が支給されていたわけではなく、数カ月（二〜四カ月）おきに大体二千円（時に三千円）が支給されたらしいこと、②明治一七年の五月あたりから、どうやら月々千円が為替で送金されるようになったらしいこと、③だが、それでは慶喜家の年間収支のバランスが保てないため、宗家と交渉が重ねられた結果、明治二三年五月に予算が増額され、年間一万九〇四〇円に改正することが確定したらしいこと、④それに伴い、同年九月から月三百円が増額され、一カ月千三百円となったこと等である。

もっともこの増額によっても、慶喜家の生活はそれほど楽になったわけではないと想像される。たとえば、これは増額以前のことだが、「家扶日記」からは明治一四年の六月一一日に家扶を命じられた小栗尚三の年俸金（一年間のサラリー）が五六〇円、同家扶格の新村猛雄のそれが四八〇円、同じく二等家従と三等家従の梅沢覚と成田藤次郎のそれが、それぞれ三三〇円と九六円であったことがわかる。この四人分だけでも、合わせて年に千五百円近い出費である。

これに、他の使用人の給金や慶喜一家の生活費はむろんのこと、慶弔費や交際費等も加わるのだから、家計は終始大変であったと思われる。げんに、これは東京に移ってからの話だが、慶喜家は経済的に困窮し、「他家から」の「到来物」や「献上物があってもお返しができず、ただ頭を下げてお礼を申し上げるほかなかった」という（榊原喜佐子『徳川慶喜家の子ども部屋』五九〜六〇頁）。そのため、米価等の物価が高騰した際には、東京の宗家に援助を要請せざるをえなかった。そして、こうしたことを願い出ないといけなかったところに、宗家の管轄下にあった慶喜家の現状が反映していたのである。

なお、宗家から支給される定額金と一時金以外の慶喜家の収入であったが、これに該当するものとしては、第十五国立銀行や第三十五国立銀行等へ預けた金の利子収入があったようである。また、渋沢栄一や平岡準蔵（後述する）らが、慶喜家の持ち金を株に投資したり、銀行において利殖をはかったりして、協力したこともわかっている。ただこうして得られた収入も、どうやら宗家の管理下に置かれたらしい。したがって、いずれにせよ慶喜家は、金銭的には東京の宗家に完全に従属する立場にあったのである。そのため、時に、宗家から支出に関して注意を受けることもあった。たとえば、明治二一年（一八八八）の四月二九日に来邸した溝口勝如は、翌日帰京するにあたって、「此度の邸替（慶喜一家が紺屋町から西草深町へ邸宅を移したことを指す）に付、入費（が）嵩《かさ》んだので、以後冗費（無駄な費用）を省くよう」にとの勧告を行った。

宗家を立てる

こうした、いわば屈辱的ともいえる立場が、公爵授与までの慶喜（家）の態度をも決定づけることになる。先ほど、慶喜が家達に遠慮していたことを、具体例をほんの少しだけ挙げて説明したが、慶喜（家）は、東京の宗家を何事においても押したて、宗家との協調を常に心がけたのである。紀元節・天長節に対する静岡県の対応の仕方が変化した際が、まさにそうであった。

明治一四年（一八八一）一一月三日の「家扶日記」には、両日に対する県の対応が大きく変わったことが、次のように簡潔に記されている。「天長節に付、御賀表（を）県庁（に）差し出し候所、先般御改正にて県庁にては取り扱わざるの旨にて差し戻る」。そこで慶喜家では、これ幸いとばかりに、この問題を東京の宗家に任せることになる。その結果、翌明治一五年からは、見事なほど紀元節・天長節に係わる記述が「家扶日記」から消え去る。

また、同様のことは、つまらない瑣事《さじ》にまで及んだ。一例を挙げよう。明治三〇年（一八九七）の一月に英照皇太后（故孝明天皇夫人）が死去した時、国旗の旗竿の上部に哀悼の意を表する黒色の布片をつける問題が持ち上がる。この時慶喜は、「一応、千駄谷御邸（＝宗家）へ照会致し、御同様に御掲揚遊ばされたしとの思し召し」を家令に伝えたのである（「家扶日記」一月一六日の条）。慶喜がほんの些細なことにまで、宗家の指図を仰いだことがわかる。そこには、卑屈ともいってよいほどの哀しさがあふれていた。

したたかな慶喜（家）

もっともその反面では、慶喜（家）の方も、意図的にこうした自分たちの置かれた立場を時に強調することで、利益を得ていたふしもある。小にしていえば、本来は慶喜家ですべき御悔やみその他の慶弔行為を宗家に代行してもらえたことや、あるいは慶喜（家）に振りかかってくる胡散《うさん》臭い申し出を拒否できたことである。また大にしていえば、近代天皇制国家と真正面から向きあうという鬱陶しさから逃れえたことである。

前者から見よう。徳川慶喜家には時に胡散臭い話が持ち込まれた。たとえば、明治二三年（一八九〇）の二月二四日には、「王政維新の時に当り、佐幕の説を主張して、ついに死刑判決」を受けたものの、憲法発布にともなう大赦によって、二月一一日の紀元節当日に出獄したばかりの元名古屋藩士が来邸する。そして彼は、維新時に亡くなった仲間の霊を慰めるため「招魂大祭を執り行」いたいので、ぜひ協力をお願いしたい旨を申し出る。この時、慶喜家の家扶は「すべて東京御戸主様（＝徳川家達）にて成され候事」なので、当方では返事ができないと、その申し出を断る。

また、日清戦争終了時には、戦死した軍人の魂を慰めるため「招魂碑」建設への協力が複数の関係者から求められる。この際も、「当地にては御賛成の有無（は）申し渡し難い」ので、「東京へ出願」するようにと、やはり同様の口実で断っている（明治二八年五月一三日と七月一八日の条）。そして、この直後の一〇月一八日、北白川宮（この宮に関しては後にふれる）家の家令（恩地轍）が来邸し、台湾征討に加わった軍人への慰労金の出資を要請した時にも、慶喜が、こうした問題に「御関係これ無き御身の上」であると伝え、家令を退去させた。

つづいて後者の具体例を挙げると、明治一三年（一八八〇）の五月に慶喜に正二位の宣下がなされた際、関係書類の提出およびその後の太政官や三大臣への御礼廻勤は、すべて東京の宗家の手で処理された。また明治一七年（一八八四）の七月に、厚に爵位（男爵）が授けられ、宮中の賢所《かしこどころ》（江戸期の禁裏の内侍所）の神前に捧呈する誓文への厚の記名が必要となった際には、やはり宗家が中心となって動いた（八月一四日から二三日にかけての条）。

5　皇后と慶喜家の関係

一条順子からの手紙

このように慶喜（家）は、東京の宗家に全面的に依存することで、静岡時代、あらゆる面で時代とも国家ともじかに接することを避けえたといえるが、むろんこうしたなかにあっても、近代天皇制国家との間に接触がまったくなかったわけではない。とくに、本章で対象としている明治十年代（なかでも、その後半）に入ると、一条家を介して、慶喜（家）と天皇制国家との間に興味深い動きが出てくる。

明治一六年（一八八三）の一〇月六日、一条順子《よりこ》から慶喜夫人の美賀子に宛てた手紙が静岡に届けられる。そこには九月二八日に一条順子が宮中に参内した際、皇后に対し、美賀子から皇后へ御機嫌うかがいをしてもいいかと願い出たら、即承諾を得たので、すぐに何か献上する品でもあったらそうせよとの趣旨がつづられてあった。

もっとも、「始ての御事故、此方（＝一条家）にて然るべきように取り扱い致すべき旨」も併せて通知される。そしてこのことは、むろん慶喜にも報告され、そうするようにとの指示がなされる。

皇后と一条順子・美賀子

ここで、皇后と一条順子および美賀子との関係について、説明しておく必要があろう。この三人は、一言でいえば縁戚関係にあった。つまり明治天皇妃（後の昭憲皇太后美《は》子《る》《こ》）は、故従一位左大臣一条忠香《ただか》の三女に、一条順子はその正室にあたった。そして、美賀子（今出川公久《きんひさ》長女）は一条忠香の養女として徳川慶喜に嫁いだ。ということは、一条順子は皇后の養母（皇后の生母は一条家医師の長女であった）であり、その皇后は名義上美賀子の妹（義妹）にあたるという間柄にあったのである。

さらに遡《さかのぼ》って、一条家と慶喜との関係についても簡単に振り返っておきたい。徳川慶喜と一条忠香の娘千代姫（照姫）との婚約がととのったのは、嘉永元年（一八四八）一二月のことであった。そして、これは慶喜の父徳川斉昭の姉で、時の関白であった鷹司政通夫人の世話によるものであったらしい。が、この千代姫は顔の一部にごく少々ではあるが障害があり、これを気にした斉昭が強引にこの縁談を破談にもっていく（「新伊勢物語」『茨城県史料　幕末編1』二三二～二三五頁）。その結果、一条家から千代姫が病弱であるとの理由で、縁談の中止を願い出るかたちがとられ、両人の婚約は破棄される（一説には、千代姫が疱瘡〔天然痘〕にかかったため破談になったとある。なおこの姫は、慶喜との婚約解消後、越前豪摂寺住職の奥方となり、明治一三年七月三〇日まで存命した）。

その替わりとして、新たに慶喜より二歳上の美賀子が候補者として浮上し、彼女との間に嘉永六年の五月婚約がととのった。そして彼らは安政二年（一八五五）の一二月に結婚するが、この結婚生活は、長い間美賀子にとって幸せなものではなかったらしい。慶喜が養子として入った一橋家に当時いまだ若い未亡人であった徳信院直子（一八三〇

〜九三）がいて、慶喜と彼女との親密な仲が噂されたからである。

徳信院は、一橋家七代目当主慶寿《よしひさ》の夫人であったから、九代目当主の座におさまった慶喜にとっては義理の祖母にあたった。だが、両人の年齢差はわずか七歳しか違わず（徳信院が年長）、少し年齢の離れた姉弟のような気分も漂ったらしい。また徳信院は、伏見宮家の出身（貞敬《さだゆき》親王の娘）で、有栖川宮家出身の母をもつ慶喜ともうまが合う条件はあった。実際、二人で仲良く謡《うた》いを合唱することもあったという。そのため、慶喜の初恋の女性が徳信院だったとする説もある。

こうした両人の間柄であったから、やがて彼の名が第十四代将軍の有力な候補者として取り沙汰《ざた》されるようになると、徳信院は慶喜が一橋家を去るような事態が到来するのではないかとひどく心配したらしい。そこで、慶喜がその可能性を彼女の面前で否定するという一幕もあったという。慶喜自身はるか後年に至って、徳信院とある日夕食を共にした時、次のような会話がかわされたことを語っている。それは、この食事の席で徳信院が、「『せっかく年頃馴染みたるものを、またまた外へ移られんことはいかにも心細し』としみじみ仰せられしかば、予は『さまでに思し召さるるは有難けれども、自分は御養君の事は決して御請せざる決心なれば、御心安かるべし』」と応えたというものである（『昔夢会筆記』二四頁）。

この両人の親密な仲（幕末時には密通説が囁《ささや》かれたこともある）に、どうやら新婚当初の美賀子が激しく嫉妬し、ヒステリー状態となったらしい。そして、狂言かどうか定かではないが、自殺さわぎまで引き起こしたと当時の史料にはある。すなわち、薩摩藩主の島津斉彬から松平慶永の許にもたらされた情報によると、彼女は結婚した翌年（安政三年）の六月一六日に自殺を試み、これは未遂に終わったという。そして、「風聞」では、慶喜と徳信院のことをつづった「書き置き」、つまり遺書を認《したた》めていたともいう（『昨夢紀事』一、四六四頁）。

これを受けて、松平慶永が実母の青松院から収集した情報では、美賀子は自殺未遂後どうやら鬱状態になり、同時に食欲不振にも陥《おちい》ったらしい。そして自殺騒動が原因で、彼女に対しては、「いたって御嫉妬ぶかき御気性」で、「嫌な々々御簾中」だとの悪評が立つ（『昨夢紀事』一、四六六〜四六八頁）。そのため、慶永や伊達《だて》宗城《むねなり》など、当時慶喜を第十四代将軍に擁立しようと画策していた有志大名たちが、スキャンダルとなることを恐れ、心配する状況が一時的に生まれる。

美賀子との関係が好転

もっとも慶喜と美賀子両人の関係は、明治二年に入って、静岡でふたりが一緒に暮らすようになってからは良好なものとなった。彼ら夫婦の間には安政五年の七月に娘が誕生したものの、その日の内に死去したあと、実子は出来なかった。しかし美賀子は、慶喜の正室として遇され、静岡時代は平穏で、それなりに幸せな生活を送ったと思われる。少なくとも、「家扶日記」を見る限りではそういえる。

彼女は明治十年代に入ると、以前から優《すぐ》れなかった体調がより悪化しつつも、子供たちと花火や梅見、それに蜜柑《みかん》狩に出かけ、また時に宝台院や浅間神社へ参詣した。そして、四季折々、松茸狩や菊花の観賞などを楽しんだ。そういう意味では、美賀子にとっての明治十年代は、慶喜のそれと同様に、やはり人生で最も安逸《あんいつ》な日々であったといえよう。

なお、徳信院と慶喜・美賀子夫婦とのその後について、ここで若干付け足しておくと、明治十年代の終わりが近づきつつあった一九年の七月一一日、徳信院が静岡の慶喜邸を訪れる。そしてこのあと七月一四日には、徳信院を慰労するため芸人が呼ばれ、ついで翌一五日には、徳信院と慶喜夫婦、それに娘らが連れ立って久能山へ参詣したあと清水湊へ見物に出かけた。同じメンバーでの同様の行動パターンは一八日にも繰り返され、浅間神社への参詣がなされた。そして、同月の二一日に徳信院は慶喜邸をあとにする。彼ら夫婦にとって、幕末は遠い過去のものとなりつつあったのである。

このように、慶喜と一条家との間には因縁浅からぬものがあったが、一条順子が明治一六年下半期になって、先程のような行動に出たのには背景があった。丁度この年（明治一六年）の六月二六日、一条順子が静岡に一泊することがあり、美賀子が順子の宿泊先であった大万屋を訪れ、久し振りの再会を喜びあうことがあったのである。したがって一条順子の皇后への働きかけも、このような文脈の中でこそ理解されえよう。そして、一条順子からの働きかけを受けた皇后は、これ以後折にふれ、慶喜家を庇護する役割を担《にな》っていくことになる。

第四章

身内・知己の死と新しいものへの関心

——明治二十年代

狩猟姿の慶喜（徳川慶朝氏所蔵、松戸市戸定歴史館提供）

1　老いの進展と趣味世界の変化

西草深への転居

徳川慶喜にとって人生で最も安穏な日々であったと思われる明治十年代はいつしかすぎ、やがて二十年代へと入る。明治二十年代の慶喜（家）にとって、まず大きな意味をもったのは、西草深《にしくさぶか》への転居であった。そもそものきっかけは、東海道線が開通することになり、静岡の停車場建設予定地内に紺屋町にあった徳川邸が含められたことによる。そこで、騒音等諸々の煩《わずら》わしさを避けるために、山の手の西草深への転居が決定を見る。その結果、明治二〇年（一八八七）の六月から新邸の造営が始まり、翌二一年の三月六日に慶喜一家は西草深に引っ越した（市制施行後の住所は、静岡市西草深町二七一番地）。そしてここが、彼ら一家の静岡での最後の住居となった。

なお、東海道線の静岡以東が開通したのは翌明治二二年二月一日のことであったが、新しいものに対して興味を抑えられない質の慶喜は、この年、さっそく列車を利用して二度目の上京を果たした。すなわち、四月三〇日、午前五時四〇分発の一番列車で静岡をあとにした慶喜は、早々と隠居した実弟の徳川昭武が明治一七年六月以来住む千葉の松戸邸で、母登美宮とともに五月九日まで過ごすことになる。そして、この後、彼は塩原温泉での湯治や日光東照宮参拝等の目的を達したあと、水戸を久し振りに訪問する。ついで、東京を経て、三週間後の五月二〇日に静岡へ戻ってくる。

このように、明治二十年代初頭の慶喜は、新しく登場した文明の利器の恩恵を受けながら、十年代から続く平穏な日々を楽しんだのである（ことのついでに記すと、徳川昭武はこのあと毎年、東海道線を利用して静岡を訪れ、兄慶喜との交流を深めることになる）。

子供たちの自立と身辺の寂寥

もちろん、そうした心穏やかな日々の一方で、明治二十年代の慶喜（家）が、相変わらず身分的にも経済的にも東京の宗家に従属する立場にあったことには、なんら変化はなかった。時に宗家当主の徳川家達が静岡にやって来て、県庁に出向き県知事に挨拶したり、久能山への参拝や県内各地の学校や病院などの視察を行ったあと帰京するといったことが繰り返される（そして東海道線が開通したあとは、慶喜が停車場まで見送りに出る）。また、この二十年代においては、宗家から月々千三百円、それに臨時費を加えた年間総額一万九〇四〇円以内に抑えるという方針にも変わりがなかった。

だが、この明治二十年代には、慶喜家のなかで大きな変化が生じていた。そのまず第一の変化は、子供たちが成長し、慶喜の許《もと》から巣立っていったことである。慶喜家当主の厚は明治二一年（一八八八）の七月に学習院を卒業したあと、同二八年の一二月に前福井藩主であった松平慶永の娘里子と結婚し、東京は千駄ヶ谷村三八四に新居をかまえる。そしてこの間、明治二三年の二月には五男の博（のち仲博）が旧鳥取藩主の池田輝知（侯爵）の養子となり、三月九日静岡を出立する。そして、同年の一二月には三女の鉄子が伯爵で一橋家第十一代当主の徳川達道《さとみち》と結婚する。ついで、明治二八年から同二九年にかけて、四女の筆子が蜂須賀正韶《まさあき》（侯爵）と、七女の浪子が松平確堂の息子斉（男爵）と、八女の国子が大河内輝耕《きこう》（子爵）と、あいついで結婚し、彼の許を去る。

そして、これら子女の縁談・結婚話は、すべて徳川家達が取り仕切った。静岡在住の慶喜は、家達が介在する話にただ同意するだけの存在だったのである。

子女の自立は、当然のことながら慶喜の身辺を徐々に寂しくさせていった。そのためもあってか、この間慶喜は、明治二四年（一八九一）の四月二七日には、七男久（のちの慶久）の就学猶予届を当局に提出する。「幼年かつ都合も」あるので、「当分の内、これまでのとおり、同所（＝静岡）にて就学致させおき申したく」云々というのがその理由だったが、これは一見してわかるように、極めて弱々しい調子のものであった。慶喜もそれだけ寂しさを隠せなくなっていたのである。先ほど、明治十年代こそ慶喜の人生にとって、一番安穏な日々であったろうと記したのは、こうした面をも考慮してのものである。

自転車を乗りまわす

またこの明治二十年代は彼の五十代にあたり、慶喜が自身の老いと向き合わねばならない歳月となった。そしてこのことは、彼の職業ともいうべき趣味人の世界にもただちに反映した。慶喜の趣味は依然として多彩なものだったが、その中身に大きな変化が生じてくるのである。ごく簡単に書けば、それは老齢化にともなう体力の低下によって、体力を必要としない趣味への傾斜がいっそう進んだということである。

以下、具体的に記そう。明治二十年代と一概にいっても、五十代に入ったばかりの頃の慶喜は、まだ大いに元気であった。明治二〇年には、彼は狩猟と釣りだけでも、合わせて年間で百二十日を超える日数をそれに充《あ》てていたのである（もっとも、さすがに狩猟の場は近隣が多くなる）。また、前田氏が紹介する明治二〇年二月五日付の『静岡大務新聞』によると、慶喜は、「昨今自転車を好」み、「日々運動のため洋服を着用して市中を乗り回」していた（これはおそらく明治十年代に彼が乗っていた「鉄輪の自転車」のことであろう）。そして静岡には、「いまだ適当な自転車」が「無」かったので、「一輛三百円にて東京へ発（注）」したという。しかもそれは、慶喜用のみならず、厚・博のふたり分をもふくめてであった（『慶喜邸を訪れた人々』一二〇頁）。もし新聞が伝える値段が正確だとすれば、自転車だけで計九百円もの大金を支出したことになる。

これがどれほどの大金であったかは私にはわからないが、石井研堂の筆に成る『明治事物起原』所収の宮武外骨《みやたけがいこつ》の少年時代の思い出話にはこうある。それは、明治一七年に神田昌平坂で、西洋人が「一輪は大きく、一輪は小さい自転車に乗り、やすやすと坂を登るのを見て」、乗ってみたくてたまらなくなった外骨が、東京・横浜・大阪中を探しても見つからず、ようやく神戸で外国人経営の商館から一台を購入したという話である。その値段が百七十何円かであった。

石井研堂によると、洋式自転車が初めてわが国に入ったのは明治一四、一五年頃らしいが、外骨の証言と突き合わせると、慶喜家が購入したのが外国製の自転車、それもかなり高級な自転車であったことが推察できる。そしてここには、自分の趣味には金を惜しまなかった慶喜の趣味人としての在り方が如実に反映していると見てよかろう。

さらに『静岡大務新聞』の記事に目をとめると、さすがに若いふたりの息子は、慶喜よりも「巧《たく》みに」自転車に乗り、そのため「付き従う家従たちは、二、三町（＝約二、三百メートル）は後れる事もあった」らしい（『慶喜邸を訪れた人々』一二〇頁）。そうしたこともあってか、明治二〇年二月二一日の「家扶日記」には、家従四人に対し自転車のお供のために履く靴代として三円ずつが支給されたとの記述が見られる（東京に発注された自転車は、七月一〇日に静岡の慶喜邸に回送されたが、この日さっそく慶喜はこれに乗り、新邸を建築中の西草深まで試乗している。そして、彼の自転車での小旅行は、やがて清水周辺にまで及ぶことになる）。

趣味の世界の変化

　こうした慶喜の溌剌とした姿は、東海道線が静岡まで開通すると、すぐに汽車を使っての銃猟という形となって現れた。彼は、東海道線が開通してまだ一カ月にも満たない明治二二年の二月二一日、朝早く（午前六時四五分）家を出て、汽車を利用して鈴川辺に銃猟に出る。ついで、三月二日にもやはり一番列車に乗って沼津周辺での遊猟を楽しむ。そして、これ以後も藤枝や金谷《かなや》へ汽車を利用して猟に出る。実は、前年の一二月三日に狩猟に出た際、慶喜は牧野久次郎なる人物に眼の怪我を負わせる事故（散弾銃によるものか）を起こしたが、彼はこれに懲《こ》りずに、汽車を使っての遠出の猟を楽しんだのである。

　もっとも、翌明治二三年に入ったあたりから、外出しての猟や釣りが減っていく。いうまでもなく体力の低下を受けてのことであった。そのかわり、前年の七月二〇日に邸内に完成した矢場で、弓にいそしむようになる。そして弓術は、以後慶喜にとって健康維持の手段として欠かせないものとなる。

　またそれとともに、前代からの趣味であった囲碁や謡曲等に加えて、玉突き（ビリヤード）や写真などが新たに趣味の世界に付け足される。なかでも、ひときわ大きなウエイトを占めるようになったのが写真であった。写真は、慶喜の老齢化が顕著となる明治二十年代の後半には、最も中心的な趣味となる。そしてこれには彼の弟であった徳川昭武が、明治二五年頃から写真を始めたことが大きな刺激となったものと思われる。なぜなら慶喜は、翌明治二六年頃から、静岡在住の写真師徳田孝吉の指導を受けて、本格的に写真にのめり込むようになるからである。そして慶喜は、写真撮影のため、近村はおろか、富士川や鈴川、それに安倍川周辺の農村地帯や久能山・浜名湖・浅間神社、はたまた裁判所や製紙場・停車場などの近代建築の前に姿を現した。また、自分の周りにいた二人の側室（中根幸と新村信）や息子・家令・家扶・女性奉公人も被写体にした。そして、それにも飽きると、生花なども撮った。ようするに慶喜は、ありとあらゆるものを対象として写真を撮りまくったのである。

新しいもの好きの性格が一気に発露

また、この明治二十年代は、慶喜の新しいもの好きの性格が一気に発露した時期でもあった。彼はこの時期、以前にもまして他人との接触を避けるようになったが、それでもめずらしいものを慶喜邸に持ち込んだ人物もしくはその品物には会った。たとえば、明治二〇年（一八八七）の三月一日には、大和郡山藩最後の藩主で久能山の宮司などを歴任した柳沢保申《やすのぶ》の元家臣両名が「蘇音会緒言器」（蓄音器）を慶喜邸に持参したが、慶喜はこれを聴いている。ついで同年の六月一〇日には、医師の竹内太俊が「万年竹」をご覧に入れたいと出頭してきたが、慶喜はこれを表座敷で見ている。また明治二三年の五月一〇日に、旧幕臣で、その後農商務省に出仕した駒井信好が、フランスから持ち帰った「電気器械」を「献上」した際には、彼に「拝謁」を許した。慶喜は、好奇心を抑えきれない場合は、こうした例外措置を講じたのである。

他方、明治二〇年の二月一八日には、厚と博を連れて、安倍川橋下で催された消火薬の実験を見物に行く。つづいて、同二二年の六月一六日には、妻美賀子や娘らと島田紡績の見学を行う。そして、明治二九年（一八九六）には、新しく登場した蠅取り器（「捕蠅器」）に興味をひかれたのであろう、それを注文して取り寄せている（「家扶日記」六月二三日の条）。またこの間、明治二十年代半ば過ぎ以降の慶喜は東京の宗家を介して、コーヒー豆を購入し、その香ばしさを味わうようになった。このように政治権力とはいっさい無縁の状況下にあって、慶喜はそれなりに老齢に向かいつつあった生活を楽しんでいたのである。

三遊亭円朝との交流

こうしたなか、注目すべき人物との交流が生まれ深まる。慶喜が明治十年代に入って、講談に興味を持ちだしたことは先述したが、明治二六年（一八九三）の正月二日、渋沢栄一が妻と講釈師の三遊亭円朝を伴って、慶喜邸に年始の挨拶に訪れる。これは、身辺が急に寂しくなりだした慶喜を慰める目的を有するものだったが、ここに初めて三遊亭

三遊亭円朝

円朝と慶喜が出会ったのである（もっとも「家扶日記」には、この日円朝が慶喜の前で一席講じたかどうかは記されていない。が、おそらく実演は行われたものと思われる）。そして翌三日、渋沢は、再び円朝を連れて慶喜邸を訪問する予定になっていたが、あいにく前夜に徳信院危篤の電報がもたらされたため、両人と慶喜との会見は中止となった。

その後、東京に戻った円朝は、この年の七月に、自身の著作である新版の草双紙を慶喜に献呈している（七月一〇日の条）。そして、翌年の一月にも、やはり同様の行為に出る（一月一一日と一二日の条）。これは、それだけ円朝の中に、慶喜との面会で強く心に残るものがあったからであろう。あるいは、慶喜と会ったあとに、なにか再び接触を求めないではおれないような人間的な香りが彼の中に残ったためかもしれない。じじつ円朝は、自分の心を抑えきれなかったのか、明治二九年の一一月二〇日、興行のために訪れた静岡で、慶喜邸に御機嫌うかがいに出る。そして、「自著の稗史二部、乾菓子一折、手掛等《ママ》」を「献上」する。

円朝の来邸を聞かされた慶喜は、「久々にて（円朝が）出頭の事に付、講談御聞き遊ばさるべき思し召しにて、滞岡日数および興行時間等御尋置きあい成りたし」との「御沙汰」を側近の者に伝える。すなわち平たく言えば、円朝の講談を聞きたいので、興行日程や時間を知らせろ、そして都合をつけろとの要望であった。慶喜は慶喜で、一期一会ともいってよい初度の接見で、円朝の人柄や噺《はなし》ぶりに心惹かれるものがあったのだろう。

漱石の円朝評

天保一〇年（一八三九）生まれの円朝は、当時五十三歳で円熟期にあった。その芸風は、彼を絶賛した夏目漱石が、円朝に似ていると見た新派の俳優になぞらえて、「その工《たくみ》が不自然でない」「余程巧みで、それで自然」と評したことからも明らかなように、至高の芸境に達していた（「本郷座金色夜叉」「水まくら」。いずれも『夏目漱石全集』第一六巻に所収）。つまり、高度な表現技術を持ち合わせながらも、それを感じさせないごくごく自然な語り口で、しかも情味にあふれる芸風となっていたのである。

もっとも、若い頃の円朝は、慶喜に円朝を引き合わせた渋沢によると、「万事が大袈裟で、シンミリした話なんか」とは縁遠い芝居がかった派手な噺をしていたらしい。だが、その後の人生でなにか感じるものがあったのだろう、やがて、「人情話というものを発明」して、『怪談牡丹燈籠《ぼたんどうろう》』や『塩原多助一代記』など、広く世に知られるようになる噺を創作していくことになる。また、素材を広く海外にも求めて、『英国女王イリザベス伝』なども作りあげた。そして、やはり渋沢によると、円朝は「話術が旨《うま》かったばかりで無く、なかなか学問もあって文事に長《た》け、能《よ》く読書して居ったので、(中略)纏《まと》まった長い人情話を作ることが出来た」という。それゆえ、「どんな立派な人とも話」ができ、「高貴の人の御前だからとて別におくびれるような事なぞはなかった」ともいう(『渋沢栄一全集』第二巻、四一七〜四一八頁)。「高貴の人」の中のひとりが慶喜だったことはいうまでもない。

いずれにせよ、慶喜と出会った頃、近代大衆芸能の頂点に位置するまでに円朝の芸は達していたのである。それは、「本業の芸以外、なおその芸に遊び得る余裕」(同前)がある者にしか到達しえない世界であった。そして、この円朝の二歳年長が慶喜であった。

慶喜の申し出に対し、むろん円朝に異議のあろうはずはなく、慶喜の希望が伝えられると、「極めて有り難く、御請申し上げ」た。円朝の静岡興行は、本人の弁によると一一月二〇日から二七日まで、時間は午後六時から一〇時までであった。ということは、円朝は静岡での興行初日にわざわざ慶喜邸を訪問したということになる。そして、一一月二七日の午後二時から、慶喜の面前で円朝の講談が演じられ、その後夕食が供され、かつ講演料として金二五円とさきの献上物への返礼分として金五円の、あわせて三〇円が円朝に与えられる。

それはともかく、この日の演者円朝と、それを静かに聴く慶喜両人の関係は、まさに明治という時代の特色を集約する光景となった。大衆娯楽の王者と元将軍が、小さな空間で時を同じくするなどということは、身分格差のやかましい封建時代では到底考えられないことだったからである。

2　身内の不幸と知己のあいつぐ死

母・長女・妻の死去

明治二十年代の半ばをすぎると、慶喜にあいついで不幸が襲った。母登美宮と長女鏡子、それに妻美賀子の死であった。母危篤の知らせが向島小梅の水戸徳川邸からもたらされたのは、明治二六年（一八九三）一月二七日のことであった。午前八時着の電報でこのことを知らされた慶喜は、すぐに行動を起こし、午前一一時一五分発の汽車で上京する。が、同日の午後一時三〇分に亡くなった母の臨終には間に合わなかった（享年九十歳）。

母の死を、慶喜がどのように受け入れたのかはわからない。ただ、前々年（明治二四年）の四月に、母の米寿（八十八歳）の祝賀のため上京（三度目）していたので、心残りはそれほどなかったものと思われる。もっとも、この当時の慶喜は尿に濁《にご》りがあり、日本赤十字社病院で尿道・膀胱の精密検査を受けたこともあって、静岡に戻るのはかなり遅れた。すなわち、二月五日に出棺、同七日に水戸の瑞龍寺にある水戸家の墓地に母を埋葬し、ついで東京の宗家邸で仏事を営んだ（葬儀が滞りなく終了した）あとも、彼は三月七日まで静岡に帰らなかった（なお、「家扶日記」からは明治二十年代に入っても慶喜が老齢にあった母とさかんに手紙をやりとりしていたことがわかる〔特に明治二二、二三年頃までが多い〕。こうした関係にあっただけに、心の整理がつかず、それが帰岡の遅れとなった可能性はむろんある）。

つづいて、不幸が長女の鏡子に及ぶ。鏡子は田安家当主の徳川達孝《さとたか》に嫁し、長女喜美をもうけたものの、明治二六年九月二九日、満二十歳の若さで、おそらく子宮関係のものと思われる病気で亡くなる。いま現在、鏡子から慶喜夫婦と側室の幸と信、それに妹たちに宛てた手紙が計六十七通残されているが、これは明治期の慶喜に関係する文書の中では群を抜いて多い。同文書について詳しい柏木一郎氏は、これを慶喜が愛娘への思い出として長く手元に残した結果だと推測するが、私も同感である（『最後の将軍　徳川慶喜』四五頁）。

翌明治二七年（一八九四）の七月、今度は妻美賀子が帰らぬ人となる。妻美賀子との関係は、先述したように、結婚当初はけっして良好なものではなかったが、明治になって慶喜とともに静岡で暮らすようになってからは好転していた。「家扶日記」を見る限り、明治二十年代に入っても、初年代、十年代と同様に、美賀子の生活は、それなりに平穏なものであった。もちろん、彼女の心の奥（底）を窺うことはできないが、静岡時代の美賀子は、再度繰り返して記すことになるが、宝台院や浅間神社等へ参詣したり、時には子供たちを連れて蜜柑《みかん》狩や松茸狩、あるいは花火見物等に出向くなど平穏な日々をすごした。

釣りを好んだらしい美賀子

ところで、その美賀子の趣味であったが、これが意外なことにどうやら釣りだったらしい。「家扶日記」からは、明治初年代に早くも慶喜とふたりで清水湊へ漁に出かけていることがわかる。また明治二〇年（一八八七）の九月には、慶喜の釣りに美賀子も同道している。そして、同二一年の一〇月八日には供ひとりだけを連れて、彼女は清水湊へ釣りに行っている。当時の女性（しかも貴族階級に属する）のことだから、そうおおっぴらに釣りに出かけることはできなかったであろうことを考えると、よほど釣りが面白かったのだろうか。もっとも、明治二四年の七月七日に、田安家と一橋家へそれぞれ嫁いだ娘二人（鏡子と鉄子）が美賀子の病後の見舞いのために帰省した折、彼女らと慶喜と美賀子が汽車で清水湊へ釣りに出かけていることから考えると、釣り好きは慶喜家の女性に共通したものであったかもしれない。

暗い話に再び戻す。美賀子の死因は乳癌だったが、「家扶日記」に集中して、彼女の病気のことが記され出すのは、明治二四年に入ってからのことである。それ以前は、明治一〇年（一八七七）の一一月二五日に、慶喜侍医の柏原学而《がくじ》が診察に出頭したこと、明治一七年（一八八四）の八月三〇日に按摩師が療治にやはり出頭したことが記されているのが目に付く程度である。

ところが、明治二四年に美賀子の乳癌が発見され、五月一九日に高松凌雲による初めての手術が行われることになる（手術が施された場所は西草深の慶喜邸で、美賀子にはクロロフォルムがかがされた。術後、凌雲には礼金として百五十円が支給された）。以後、翌明治二五年の五月に井上豊作と柏原学而（ともに静岡在住の医師）による手術が、同二六年の一月と七月に、佐藤進（国手）と、佐藤・柏原らによる手術が、それぞれ施行された。

高松凌雲は緒方洪庵が主宰した適塾出身の元幕府奥医師で、箱館五稜郭の戦いで負傷した兵士の治療に敵味方の別け隔《へだ》てなくあたったことで広く知られる人物である。柏原学而も、やはり適塾に学んだ蘭医で、名医と噂された。佐藤進は、明治初年にベルリン大学の医学部を卒業したあと帰国し、自ら経営する順天堂病院（私立総合病院の嚆矢《こうし》）の外科医師を務める一方で、陸軍軍医総監も務めた当時知名の士であった。

もっとも、一群の名医による連年にまたがる手術にもかかわらず美賀子の容体は好転せず、最終的には東京で治療することになる（明治二七年五月一九日、美賀子は汽車で出京し宗家に宿した）。東京で美賀子の診断・治療にあたったのは、帝国大学医学部教師のスクリーバ（ドイツ人）や橋本綱常（橋本左内の末弟で、当時日本赤十字社病院長）ら、当時の医学界最高のスタッフであった。そして、美賀子の上京には柏原が同伴し、彼女の治療にあたるスタッフが決定を見ると、すぐに静岡にとって返し、慶喜に詳細な報告をした。また慶喜の許には、交代で上京した家扶たちから、美賀子の容体が毎日のように知らされた。だが、七月九日、美賀子は帰らぬ人となる。

当日、慶喜は気晴らしのためもあってか、焼津周辺に撮影に出かけていたが、宗家から午後一時夫人危篤の電報を受けとると、焼津発午後四時五二分の列車でまず静岡停車場へ行き、そのあと同五時二〇分静岡発の汽車で東京に向かった（なお、この時慶喜は、何故か夫人の葬儀に参列せず、そそくさと静岡に帰っている。七月一〇日に納棺をすませると、同月一五日に寛永寺中堂で行われた葬儀に参列せずに帰邸したのである）。

知己のあいつぐ死

他方、この明治二十年代には、慶喜と因縁浅からぬ人物があいついで死を迎える。まず明治二二年（一八八九）の五月一七日には、県知事で、幕末以来なにくれとなく慶喜

（家）のために世話をしてくれた関口隆吉が不慮の列車衝突事故で死去する。ついで翌明治二三年の六月二日には松平慶永が亡くなる。そして、明治二四年に入ると、三月二四日に松平確堂（斉民）が、七月一日に永井尚志が、一〇月二九日に久邇宮（もと朝彦親王）が、それぞれ死去する。そして、一年おいた明治二六年の正月三日には徳信院が、同じく一二月五日には松平容保が、この世を去る。

これらの人物は、いずれも慶喜と深いかかわりを持った人々であった。それゆえ、これらの人物のあいつぐ死は、慶喜に深い寂寥の念を抱かせることになったと想像される。もっとも皮肉なことに、幕末以来の慶喜の過去を知るこうした人物の死は、多くの人に改めて維新を遠い過去のものと認識させる契機ともなった。明治二十年代に入ると、幕末維新期が「懐旧」の対象となったのである。その結果、生き残った慶喜がますます幕末史上を飾る歴史上の人物として、人々の眼にとまることになる。そして、これに拍車をかけることになったのが、慶喜が特別の理由がある人物の他に、面会をそれこそ滅多にしなくなったことである。このため、慶喜の存在は前代より一層神秘的なものとなっていく。

歴史上の人物となった慶喜に露骨に関心を示し、接近を試みたのは、多くはアメリカ人であった。「家扶日記」には、明治二八年以降、一群のアメリカ人がたびたび慶喜邸を訪問し、慶喜に面接を求めたものの、「例の通り」断ったとの記述が見られだす。

ただその中にあって、唯一といってもよい例外は、明治四年に勝海舟の招きで一年間静岡学問所（明治元年に旧幕臣の教育をおこなうために設立され、同五年に文部省令によって廃校となった）で英語や科学などを教えた経験をもつエドワード・W・クラーク（一八四九〜一九〇七）であった。彼は、その後も付き合いのあった海舟に働きかけて、慶喜の写真を欲しいと願い出て、それを実現する。すなわち、勝の要請を受けた溝口勝如が慶喜に懇願し、慶喜の写真一葉が小包郵便で宗家の家扶宛に送られる。ただ、さすがに慶喜（家）も、クラークが邸内の拝見と写真撮影の許可を申し出た際には、それを拒否した（「家扶日記」明治二八年一一月二二日と一二月一日の条。『没後一〇〇年　勝海舟展』一一一頁）。

3　勝海舟・大久保一翁・山岡鉄太郎との関係

山岡・大久保両者の死

知己のあいつぐ死に話がおよんだ以上、どうしても避けて通れない人物がいる。明治二一年の七月に、偶然ではあるが、慶喜の後半生にとって重要な位置を占めた人物が、前後してこの世を去る。山岡鉄太郎と大久保一翁の両名であった。

この両名に勝海舟を加えた三名は、慶喜にとって特別の存在であった。大久保と勝の両者は、幕臣にはめずらしく、幕末段階から薩長両藩士らに懇意な者が多かった。そのため、この両名に、慶喜の直命を受けて慶喜の救解に立ち上がった山岡鉄太郎を加えた三名によって、慶応四年の上半期に、慶喜を救うための活動が展開されたことは、既述したとおりである。

そして、この三人は、明治五年、あいついで新政府に登用される。大久保は明治五年に東京府知事となったあと、教部少輔、元老院議官を歴任する。山岡はやはり明治五年侍従に、ついで同一四年に宮内少輔へと進む。勝も、明治五年に海軍大輔、翌六年、「明治六年政変」(いわゆる征韓論政変)の余波を受けて参議兼海軍卿に任じられたあと、台湾出兵に不満を表明して辞任し、のち明治二一年枢密顧問官に返り咲く。

彼らはいずれも、新政府の中枢に位置したわけではなかったものの、数少ない旧幕臣中の出世頭であった。そして、徳川家のために、明治政府内にあって尽力する役割を果たした。こうした三人の内、山岡と大久保の両名が、明治二一年の七月に亡くなったのである。

慶喜の複雑な思い

この両名は、亡くなる前年の五月九日に子爵を授与され、ともに華族の一員となっている（同時に勝海舟は、大隈重信や板垣退助・後藤象二郎とともに伯爵となる）。これを受けて、「家扶日記」に注目すべき記述が見られるに至る。まず五月二九日、東京の宗家から両名が子爵を授けられ華族に列せられることになったので、慶喜からも「御歓のため」に「御召物（を）進ぜられこれ有る方、御宜しき旨」が伝えられる。すなわち、お祝いとして慶喜が自分の着物を両名に与えた方がよいと、宗家が具体的に指示したのである。

これに対し、慶喜（家）は、「別段思し召し、これ無き旨」の返事を行う。「別段思し召し、これ無し」との表現は、高貴な人物についてまわる意思表示の常套語であるが、積極的ではないものの、宗家の提案に同意したということであろう。

ところが、どうやら慶喜（家）は、東京の宗家にお祝いとして、「御召物」を送らなかったらしい。そこで東京の宗家では、山岡と大久保の両名に、お祝いの品（衣服用の織物）を二反ずつ送る（六月一一日に、宗家からこのことを知らせた書簡が到着する）。ここまでは、問題がなかった。

が、六月一二日、宗家の家令から、大久保一翁に宛てた慶喜自筆の書簡（「御自書」）の件で礼状がくる。これに対し、慶喜は、「此頃、御自書進ぜられ候御事はこれ無し」と、その旨を宗家の家令に問い合わせるようにと家扶（小栗尚三）に指示を出す。「家扶日記」に「命」じたとあったように、それは断固たる調子のものであった。そして、これを受けて、翌日、「大久保殿へ御自書進ぜられ候御事これ無き旨」が、宗家の家令に対して申し送られる。

どうして大久保一翁宛の慶喜直筆の書簡なるものが登場したのか、その経緯はいっさい不明であるが、おそらく気をきかせた宗家関係者が作成し、大久保に送付したものと想像される。こうした事情は慶喜にもすぐに理解できたはずであるが、慶喜はめずらしく気色ばんだのである（なお、山岡とのトラブルは発生していない）。

私が明治五年から同四五（大正元）年におよぶ「家扶日記」をざっと閲読した限りでは、ひたすら東京の宗家を押し立て、その指示に忠実であろうとした慶喜の痛々しいほどの姿しか浮かび上がってこない。これは、彼が明治三五年（一九〇二）に公爵を授けられた後も、程度はむろん異なることになったが、同様であった。その彼が普段の無表情をかなぐり捨て、唯一といってよいほど気色ばんだ（ただし静かに）のである。

もっとも、いかにも「家扶日記」らしい処理の仕方というべきか、この後、この件に関しては、ごく簡単に片付けられて終わった。すなわち、「家扶日記」の六月一七日の条に、「御家令より内状返書来る」とだけ記されて、この問題は一件落着となったのである。

勝海舟の意見書

さて、ここから多少の憶測をまじえて、なぜ慶喜がこの問題でこのような行動に出たのか、その背景を探っておきたい。これは、明治期の慶喜についての理解を深めるうえで、重要な点だからである。

この点を解明するうえで、興味深い史料が近年江戸東京博物館から紹介された。それは、明治二七年（一八九四）の七月に、徳川家達に宛てて送られた勝海舟の意見書である（『勝海舟関係資料　文書の部』所収）。

勝は、この意見書で、宗家当主の家達に対し、慶喜を手厚く遇することを求めた。その根拠は、徳川宗家が天皇による新規お取り立てによって成立したことであった。つまり家達は、慶喜から家を継承したわけではなく、そういう意味では家達（家）と慶喜（家）が同格だと説いたのである。しかし、その一方で、海舟は徳川家の「末代（すなわち慶喜の将軍時）に到て、いやしくも軽挙盲動、ついに朝敵の名（を）負わせられ、御征討あい成り候事は、誠に千古遺憾の御事」だとの感想も記した。そのうえで、近代天皇制国家において徳川家がとるべき態度を示す。その中に、「慶喜公御一代に於いては、その去就御随意成るべからず、当今邦家に対せられ、ますます謙ますます恭成らざるべからず、一歩一言も御反省を欠くべからずとあい考え候」との文言が見られた。

これは、明治二十年代の半ばをすぎ、自分を取り囲む環境が徐々に温暖なものに変わりつつあった慶喜に、冷水を浴びせるような文言であった。そして勝は、さらに意見書中において、この慶喜らに対する要望が、勝個人だけの意見でなく、「故大久保一翁・山岡鉄太郎両氏」のそれでもあったと記した。そして、この慶喜の過去を批判するとともに、慶喜の将来にわたる自重を促した勝の意見書は、家達から溝口勝如を介して慶喜に見せられた。そして、どうやら慶喜は自ら筆をとってこの意見書を写したらしい（同文書の資料解説による）。慶喜が、どういう気持ちでこの意見書を筆写したのか、その心の裡はわからないが、いずれにせよ、この勝の意見書が静岡時代終盤の慶喜の行動を厳しく律することになったのは疑いない。

もちろん勝による慶喜に自重を求める規制は、明文化されてはいなかったものの、これ以前からあり、慶喜の心を縛ってきた。明治期の勝海舟は、何事につけ、東京の宗家の背後にあって慶喜およびその一族のお目付役をもって任じていたからである。明治期の海舟に関しては、「薩長藩閥政権に対する監視役を自任していた」（松浦玲『明治の海舟とアジア』序）面にとかく注目が集まるが、それ以上に海舟は徳川宗家および慶喜家をその監視下においていたのである。

このことは、勝海舟の「日記」をひもとけば一目瞭然である。たとえば、同日記の明治二一年の一一月一日の条には、「（旧幕臣との歓談のため静岡に行っていた）三位（＝徳川家達）出迎え、新橋（へ）行」くとあって、同じ行に溝口勝如より「静岡（の）模様はなはだ宜しき旨申し聞く」とある。勝は家達を出迎えるために赴いた新橋駅で、宗家家令の溝口勝如から慶喜一家の様子を聞き、その生活態度に大いに満足したのである。そして、これが監視役、お目付役としての感想であったことは改めて指摘するまでもない。

海舟が意見書を家達に送った理由

それゆえ、新たに問題となるのは、なぜ勝海舟がこの明治二七年の七月という時点で、このような意見書を家達宛に発したかである。明治二七年七月は、既述したように、慶喜が妻美賀子死去のため慌しく上京し、その後そそくさと静岡に戻った月であった。そしてこの月に、海舟は宮内大臣の土方久元《ひじかたひさもと》宛に、いま一つの意見書を提出する。それは徳川慶喜が「追々老年に及び候間、追って」帰京させたいというものであった。そして、その際には本家の家達邸ではなく、厚邸か、もしくはその別邸に慶喜を住まわせることを考えているとも記されていた（『最後の将軍　徳川慶喜』四四頁）。

この宮内大臣宛の意見書が、上京してきた慶喜と打ち合わせたうえで出されたものかどうかはわからないが、おそらくそうではなく、美賀子死去のため上京してきた慶喜の様子とその老いの進行ぶりを見て、さすがにこれ以上、慶喜を静岡に留めておけないと海舟が判断した結果だと想像される。また、この時の家達の慶喜に対する態度に、なにか不遜なものを感じたのであろう。そこで、家達に慶喜の厚遇を求める要望を行ったと考えられる（なお、慶喜が妻の葬儀に参列せずに帰静したことに、この点がかかわった可能性もある）。さらに、慶喜が実際に東京に移住するようになった時のために、宗家（家達家）と慶喜家との関係を確認しておく必要も生まれ、それがこのような家達宛の意見書となったのであろう。そして、これが大事な点だが、海舟は同時に、東京に出て来る慶喜に対して、この際釘をさしておく必要を感じとったに違いない。こういった諸々《もろもろ》のことが重なって、いま挙げたような文面となったと思われる。

時あたかも明治二七年七月は、山岡・大久保の両者が亡くなって丁度六年を経過した時点であった。ということは、三人による徳川家（なかでも慶喜家）への監視がいきおい緩《ゆる》まざるをえなかったことを意味する。つまりこの頃の勝海舟の眼には、山岡・大久保両者の死によって、徳川慶喜が次第に自由にはばたき出したと映ったのではなかろうか。しかも、それは勝の考える許容範囲を大きく逸脱したものと見えたらしい。こうしたことも合わさって、この時点で勝は、このような意見書を家達に送りつけることになったと考えられる。

海舟らのトラウマ

それにしても、山岡・大久保両者をふくめた三人の意見（もっとも、勝個人の意見であった可能性も大いにある）というのは、相当嫌味に満ちたものである。こうした嫌味な意見は、いったいどういう心根から生まれてくるのだろう。考えられるのは、若き日の彼ら三者の置かれた状況によるというものである。慶喜が大坂から命からがら逃げ帰ったあと、慶喜のための救解活動に揃って従事した彼ら三人に対し、旧幕関係者から共通して浴びせられたのは、非難の言葉であった。

たとえば山岡に対しては、上野戦争の直前、寛永寺の僧侶であった覚王院義観から、「貴殿のごときは、真に忘恩の賊臣なり」とのまことに厳しい批判の言が放たれた（『徳川慶喜公伝』四、二四七〜二四八頁）。また、山岡の長女が後年新聞記者に語ったところによると、勝から解散するように説得を頼まれた山岡が上野の彰義隊士のもとに行くと、「獅子身中の虫（＝内部からわざわいを起こす者）とは貴殿の事だ」と罵《ののし》られ、涙をのんで下山したこともあったという（『戊辰物語』六二頁）。

同様のことは、むろん勝海舟や大久保一翁に対してもあった。幕臣らは、競《きそ》って、「（慶喜の）恭順・謹慎・悔悟・謝罪をあまりに気概なき振る舞いとして痛憤し、勝安房守・大久保一翁等をば、主家を売る国賊奸物といいなし」たのである（『徳川慶喜公伝』四、二三七頁）。そして、彼らを暗殺する必要がまことしやかに語られ、彼らはその後も旧幕臣から好意を寄せられることは少なかった。これが彼らの中に、その後トラウマとなって残り、それがこうした徳川家（なかでも慶喜）に対して自戒を求める勝の言葉となって結実したと想像するに難くない。

慶喜が静岡に留まった理由

このような事実を知ることによって初めて理解できるのが、なぜ慶喜は三十年もの間、静岡に留まったのか、静岡時代の慶喜がなぜ天皇の迎送に加わらなかったのかという理由である。前者に関しては、くどくどと書き連ねるより、渋沢栄一の証言が簡潔に真相を伝えていよう。いささか長いが、左に該当する部分を掲載する（『渋沢栄一全集』第二巻、四一頁）。

私は、勝伯があまり慶喜公を押し込めるようにせられて居ったのに対し、快く思わなかったもので、伯とは生前頻繁に往来しなかった。勝伯が慶喜公を静岡に御住わせ申して置いたのは、維新に際し、将軍家が大政を返上し、前後の仕末がうまく運ばれたのが、一に勝伯の力に帰せられてある処を、慶喜公が東京御住いになって、大政奉還前後における慶喜公御深慮のほどを御談《かた》りにでもなれば、伯の金箔が剝げてしまうのを恐れたからだなどいうものもあるが、まさか勝ともあろう御人が、そんな卑しい考えを持たれよう筈がない。ただ慶喜公の晩年に傷を御つけさせ申したくないとの一念から、静岡に閑居を願って置いたものだろうと私は思うが、それにしても余り押し込め主義だったので、私は勝伯に対し快く思っていなかったのである。

晩年の渋沢が、憤怒のあまり意図的に洩らしたような「卑しい考え」を海舟が有していたかどうかはともかく、慶喜を三十年間にわたって静岡に「押し込め」た張本人は、他ならぬ勝海舟だったのである。そして、いま挙げた勝の意見書も、見方を変えれば、明治二七年の時点で慶喜の東京転住に改めて待ったをかけたと見なせなくもない。少なくとも、慶喜がそう受け止めたとしても不思議ではない（海舟の宮内大臣宛意見書の存在を知らなければ尚更である）。じじつ、慶喜は、この後も静岡に踏みとどまり、明治三〇年すえに東京に移住するまで、再び上京することはなかった。

なぜ天皇の迎送に参加しなかったのか

つづいて、慶喜が天皇の迎送に参加しなかった理由の解明に移ろう。静岡時代の慶喜は十年代につづいて、二十年代も三十年代前半も、いっさい明治天皇の迎送には参加しなかった。

明治二四年の五月に大津事件が発生したため、急ぎ天皇が京都に向かう途中、静岡停車場を通過（十六分停車）した時も、慶喜は「この前、御通輦《つうれん》の際のとおり、御出迎えなど、あらせられず候」（一二日の条）という対応をとった（この時、京都に行き、麝香《じやこう》間祗候《まのしこう》〔宮中において華族らを優遇するためにおかれた一種の名誉職。宮中の席次は侯爵の上位とされた〕惣代として「天機御伺」をしたのは、家達であった）。

ただ、さすがに明治二十年代の半ばを過ぎると、慶喜が迎送に加わらないことに説明が求められだす。たとえば、明治二七年の九月一三日には、この日、日清戦争の開始による大本営の広島への移転にともなって、明治天皇を乗せたお召し列車が静岡停車場を通過することが起こる。これを受けて、「家扶日記」には、「例のとおりの御事情」で、迎送に出ない「御内情」を、人を介して県知事に「内話」したとの記述が見られる。明治も二七年を迎える段階になると、さすがに慶喜が迎送に参加しない理由が、県知事でも納得しがたくなっており、「御事情」「御内情」をわざわざ県知事に「内話」せざるをえなかったのである。

「家扶日記」には、その「御事情」「御内情」が具体的にどのようなものであったか、まったく記されていない。そしてこの後も、慶喜はやはり迎送に参加しなかった。たとえば、明治二八年の五月二九日に明治天皇が来岡し、常宿にしていた大東館に一泊して、翌日出発した際も、息子の久をはじめとする子供たちが「学校生徒の御資格」で迎送に加わったのみであった。

つづいて、明治三〇年（一八九七）の八月二二日に、京都から東京に戻る途中、天皇が静岡停車場に到着し、同市に一泊した際も、家達が東京から駆けつけて奉迎に参加し、その後行在所に「天機御伺」に出る。そして、翌日の天皇一行を乗せた列車の発車を停車場で見送ったのは、家達と厚であった。慶喜は、この時も天皇の迎送には参加しなかったのである（もっとも、静岡時代の慶喜に仕えた古沢秀弥〔のちの家令〕が慶喜の孫娘に語った話によると、慶喜は明治天皇を乗せた「お召し列車」が静岡を通過する時刻に合わせて、紋付き羽織袴姿で紺屋町の家の門に立ち、列車の音が聞こえなくなるまで遥拝していたという〔『徳川慶喜家の子ども部屋』五九頁〕）。

さて、こうした慶喜の行為を先ほどの勝の意見書と重ね合わせると、なぜ慶喜が迎送に参加しなかったのか、その理由もおのずと明らかとなろう。明治期の慶喜は、朝敵である過去を常に忘れないことを勝らによって求められ、迎送に代表される表立った活動を将来にわたって事実上禁止されていたのである。現に、第二章の三節で記したように、慶喜は明治二年、若き明治天皇が前年に引き続いて再度東幸のため静岡を通過した時、高松凌雲などから、よい機会なので是非伺候するように勧められたが、勝海舟の反対にあって、それを止《や》めていた。つまり勝らの圧力の下、謹慎を解除され、将軍時の旧位に復したくらいでは、とうてい慶喜は送迎に参加しえなかったのである。慶喜が迎送に参加するためには、より積極的な条件を必要とした。それが何であったのかについては後に改めて記すことにして、話をもとに戻そう。

鬱屈した思い

明治期の慶喜が置かれていた、このような状況を念頭において、先ほどの大久保一翁らに対する慶喜の行為を見ると、そこにおのずから一つの推測が可能となろう。すなわち、明治期の全般にまたがって、慶喜の隠忍自重を求める勝・大久保・山岡三者の圧力に対する日頃の鬱憤《うつぷん》がこうした形で爆発したと考えられるのである（もっとも、三人の中では、山岡に対する思いはかなり違っていたと想像される。勝や大久保に比べて、金や地位・名誉などに一番恬淡だったらしい山岡は、それだけ慶喜へ圧力をかけることに熱心ではなかったと思われるからである）。

慶喜は、かつて徳川家および自分の絶体絶命の危機を救ってくれ、その後、自分の名誉回復に尽力をしてくれた彼ら三人に対し、当然感謝したであろう。かつ隠忍自重を求める三人（実は勝と大久保の二人か？）の意見を、それなりに頭では正当なものと受け止めたであろう。だがその反面、心の奥底では、その押しつけがましさに、言葉に表しえない鬱屈としたものを感じていたのではなかろうか。また明治三五年の六月まで爵位を授けられなかった慶喜には、明治二〇年五月の時点で、いち早く爵位を得た勝や大久保らに対する面白くない感情があったとしても、不思議ではない。そうした複雑な思いが、先程の鬱憤をいわば一気に晴らそうとするかのような慶喜の言動となったものと思われる。

慶喜の海舟・一翁評価

このことを念頭に置いて読むと、改めて興味深いのは、『昔夢会筆記』である。明治四十年代に入って、慶喜は自分の過去について率直に語る機会をもった。渋沢栄一が中心となって立ち上げた、徳川慶喜の正確な伝記を作る作業に、当事者として参加したのである。この時点の慶喜は、すでに公爵を授与され、完全な名誉回復を果たしていた。また、山岡・大久保両者のあとを追って、勝海舟が死去してからすでに数年の歳月が流れていた。さらに慶喜から直々に話を聞くために集まった関係者はごく少人数であった。したがって慶喜は、なんの気兼ねもなく思ったとおりのことを口にし、あるいは質問書の提出を受けて、自分の意見や感想を記すことができた。

こうした状況になった慶喜が、質問を受けた折、大久保一翁や勝海舟について語った箇所が、少しだけだがある。そして奇妙なことに、これらはいずれも彼らへの悪口であった点で共通していた（山岡についてはそうした悪口は見られない）。具体例を挙げることにしよう。

まず大久保一翁から取り上げると、次のような慶喜の発言（評価）が目に飛び込んでくる。

①（大久保が文久二年に政権奉還説を唱えたことに関して）「越中守（＝大久保一翁）がかかる説を唱えたることは知らざれども、当時は事いささか面倒となれば、毎々

このごとき言をなしたるものにて、多くは口先ばかりの空論に過ぎざりしなり」（二六頁）

②「越中守は器量こそありたれ、資性偏固にして、事を執るに当り、己が意に合うと合わざるとによりてすこぶる手心を用い、政務を阻碍《そがい》すること尠《すくな》からず」（三八頁）

つづいて、勝海舟に関する発言に移ろう。

③（慶喜の江戸帰府後、勝がはたした役割について）「勝のこの時の態度は、世に伝うる所とはいささか異なるものあり。すべて勝の談話とて世に伝うるものには、多少の誇張あるを免れず」（二一頁）

④（別号について）「一堂の号は静岡にて謹慎御免の後、勝安芳に撰ばしめたるものながら、字の書きにくさに多くは用いず」（三四頁）

読んですぐにわかるように、④はともかくとして、①〜③はいずれも大久保・勝の両者に対して好意的なものではない。なかでも、②と③は、一翁と海舟に対する慶喜の心情が、めずらしく赤裸々に出ている点で注目に値する。いうまでもなく、②は大久保一翁の狷介《けんかい》な性格への痛烈な批判であった。また③は、勝海舟に対する世間一般の標準的な評価への、遠慮深い反論であった。それは、西郷隆盛と勝海舟の両者が、江戸城総攻撃の前日に会談し、事態を一気に無血開城へと導き、江戸住民の命と財産を救ったという式の海舟にまつわる美談へのささやかな反論であった。

むろん慎重な慶喜は、一翁・海舟の両者に対して、これ以上、具体的なことはなにも喋らなかった。そこで、ここに再び慶喜の応援団長を自認していた渋沢栄一に登場してもらうことにしよう。渋沢は、おそらく許されるならば慶喜自身が訴えたかったであろう思いを、次のように代弁しているからである。「実は日本の大混乱を生ぜしめなかったのは、勝伯と云うよりも、慶喜公が早く敬順の覚悟をせられたからである。然るに慶喜公の御事は、あたかも雲に蔽《おお》われた太陽のように、明らかに認められないきらいがあって、そこに現われたのは他の者（＝勝海舟）であった、それが私達の物足らなく感ずる処である」（『渋沢栄一全集』第二巻、三三五頁）。

以上、いささかしつこくなったが、最後に一つだけ、ある事を確認して本節を終えることにしたい。それは、いくら自由な発言ができるようになったとはいえ、『昔夢会筆記』中の慶喜は概して他人をそれほど批判的な口調で評してはいないことである。その中にあって、この両人に対しては、めずらしくかなり辛口の批判が下されている。それゆえ、逆にここから慶喜の両人に寄せる思いのほどがうかがわれるのである。

4　近代天皇制国家との接点の形成

従一位進階と旧幕臣らの来訪

本章の最後に、明治二十年代の慶喜（家）と近代天皇制国家との係わり方が、どうなったのかという問題を取り上げることにしたい。

明治二十年代の慶喜（家）にとって、まず大きな意味をもったのは、明治二〇年（一八八七）一〇月三一日に東京の宗家邸に明治天皇が行幸（皇太后と皇后は、翌一一月一日に行啓）したことと、同二一年の六月に従一位の官位が慶喜に授与されたことである。

天皇の徳川家への行幸は、寛永三年（一六二六）に、後水尾天皇が二条城に行幸して以来、実に二百六十一年ぶりのことであった。この日、徳川家では、旧三家・三卿の各当主、松平慶永、松平確堂らの一族と共に、勝・大久保・山岡の三者が家達邸に集合した。そして、分家華族となっていた慶喜四男の厚も列席する（『明治天皇紀』第六巻、八三二〜八三三頁）。このことによって、これが文字どおり徳川家への行幸となる。この行幸は、「天皇および政府」と徳川家が公的に和解したことを意味するとされる（『徳川慶喜――その人と時代――』一八二頁）。また翌日に行われた行啓においては、皇后から慶喜に銅花瓶が贈られた。皇后は、徳川一族の中でただ一人行幸にも行啓にも共に参列しなかった慶喜に対して、濃《こま》やかな配慮を見せたのである。

なお、行幸・行啓の翌年、慶喜に従一位という事実上最高位の官位が与えられた理由はわからない。明治二〇年に制定された叙位条例では、正二位から従一位へ進階するには九年の歳月が必要であり、かつ相当年齢は六十四歳だとされているので、慶喜の場合に該当しないからである。しかし、いずれにせよ、慶喜は従一位に叙されたことで、公爵に准ずる礼遇を受けることになる。つまり、華族令の制定によって明治一七年に公爵となっていた宗家当主の家達なみの礼遇を享受しうるようになった（山嵜千歳「明治期における徳川慶喜の待遇」）。

ついで、明治二二年（一八八九）に入ると、かつて関係の深かった旧藩主や旧幕臣で明治政府に奉職している人物との交流が生まれる。まず七月三一日に旧徳島藩主で、文部大臣の蜂須賀茂韶《もちあき》とその夫人が来邸し、慶喜と夕食を共にする（のち、慶喜四女の筆子が、蜂須賀の息である正韶と結ばれる）。つづいて、八月一二日には、旧幕臣で男爵貴族院議員の西周が御機嫌うかがいに来邸し、慶喜と水戸で別れて以来、久し振りの再会をはたす。最後に、九月八日、榎本武揚がやって来て、慶喜と明治に入って初めての面会をとげる。そして榎本との関係は、この後の東京時代も含めて、親密の度を次第に増していく。

これら人物のあいつぐ来訪は、明治二十年代に入って、慶喜を取り囲む状況が急激に変わりつつあったことを反映したものといえよう。すなわち明治二十年代に入って、幕末維新を再評価する気運が高まり、それにつれて慶喜の評価が上昇したことが、こうした動きにつながったと思われる（慶喜の評価とは、そもそも近代天皇制国家の発展は慶喜が政権返上を決断したことにもとづく、したがって慶喜こそ維新の陰の功労者・立役者だと見なすものである）。

北白川宮の来岡

もっとも、そうはいっても、これ以降しばらくの間、国家との関係において慶喜（家）をめぐって特に目立った動きが見られたわけではない。新たな動きが見られだすのは、明治二十年代も後半に入ってからのことである。その最初のケースとなったのが北白川宮との接触であった。

明治二五年（一八九二）の一一月一九日、突如予告なしに、北白川宮能久《よしひさ》親王が慶喜邸を訪れ、慶喜が不在であった（久し振りの猟に出ていた）ために、改めて慶喜が宮の宿泊先（大東館）を訪れ、両人が会う。そして、翌日慶喜は、宗家家令の溝口勝如に、「北白川宮へ御対顔の御次第」を「心得」のために知らせておくようにと、家扶に指示する。さらに二一日には家達に北白川宮との会見について報じた直筆の手紙を出し、その翌二二日には、溝口から返事が来たのを受けて、徳川家達の妻が静岡にやって来る際には溝口にも同行するように求め、その旨を宗家に伝えさせる。そして、慶喜の要請を受けて溝口が来岡する。

北白川宮との話し合い

北白川宮は、本書の冒頭部分でも若干触れたように、かつて寛永寺で謹慎していた慶喜の救解活動を展開した後江戸を脱出して会津に行き、奥羽越列藩同盟の盟主となった、慶喜と因縁浅からぬ人物であった。のちに謝罪状を提出し、謹慎生活を送ったあとドイツに留学し、明治二五年当時は陸軍中将となっていた。

その宮が、突然来岡したのには、前提となるできごとがあった。この年の三月九日、いずれもまだ幼女であった常宮《つね》（明治天皇第六皇女。当時満三歳。のち竹田宮恒久王妃となる）と周宮《かね》（同第七皇女。当時満二歳。のち北白川宮成久王妃となる）が汽車で来岡し、浅間神社で幼稚園生徒一同に拝謁を賜《たまわ》るということがあった。その中に、慶喜の子供が含まれていたのである。そしてこの時、慶喜九男の誠が宮の側に召され、親しく拝謁を許され、菓子を頂戴することになった。これを受けて誠は、三月一一日、お礼に興津まで出向き、両宮に再び会い、今度は絵本を頂戴する。他方、慶喜の十一女であった英子は、あいにく三月九日は体調不良で欠席したため、三月一一日、彼女に人形が与えられた。

こうしたことがあってのち、北白川宮本人が静岡にやって来たのである。もっとも、その宮と慶喜との間でどのような話し合いがなされ、慶喜が溝口にどういったことを相談したのかは、よくわからない。ただ、「家扶日記」の一二月二一日の条に、「溝口殿より来たる二三日、白川宮御発途の儀に付、かねて相談のとおり取り扱い方申し越し候事」とあることから判断すると、宮の出征か何かに係わるものであった可能性がある。が、それはおき、宮レベルとの本格的な接触は、これが最初となった。

華族会館との接触

そしてこのあと、一一月二五日には、華族会館（華族が集会をする場として設置された）から館長東久世《ひがしくぜ》通禧《みちとみ》の名で、「議案幷会館規則」を添えて、総会開催の件で案内状が来る。これに対し、慶喜家は、「これまで、右様の儀申し越し候義、さらにこれ無く、（中略）何分取り扱い方、あい知らず候に付、右書面あい添」え、東京の宗家へ、例によって対応を全面的にまかせることになる。

さらに、翌明治二六年（一八九三）の三月八日には、華族会館の「規則改正に付」総会へ慶喜の出席を求める旨の館長からの通知書が届く。明らかに明治二十年代も半ばを迎える頃になると、慶喜（家）を取り囲む状況に変化が生じだしたと見るべきであろう。じじつ、翌明治二七年の一月に、皇太子（のちの大正天皇）が静岡の久能山に行啓した際には、御座所へ掛ける掛け軸が依頼によって貸し出される（一月二三日の条）。そして、その翌月に厚に従五位宣下があり、つづいて三月九日には厚が参内して天皇に拝謁し、天盃を頂戴することになる（三月一二日の条）。

ところで、この明治二七年段階で、またしても目にとまるのは、皇后の存在である。皇后は、この年が天皇との結婚満二十五年にあたったため、その「御祝儀」として「御品料金百円」を慶喜の妻美賀子に下賜する（三月九日の条）。ついで五月には、美賀子が乳癌で容体が悪かったことを気づかって、病気見舞いの品として菓子その他を贈る（五月二三日の条）。そして、美賀子がいよいよ危篤におちいった際には、酸素ボンベを賜った（『女聞き書き　徳川慶喜残照』四六頁）。

九女経子と華頂宮との結婚

このように明治二十年代半ばをすぎたあたりから、慶喜（家）を取り巻く状況に変化が生じはじめるが、慶喜（家）と近代天皇制国家との関係を大きく変えるきっかけのひとつとなったのが、慶喜の九女経子《つねこ》と華頂宮博恭王《ひろやす》（のち明治三七年に伏見宮に復籍）との結婚である。

両人の結婚話が「家扶日記」に登場するのは明治二九年（一八九六）二月三日が初出である。すなわち、この日の記述に、前日の二日に華頂宮家の家令（萩原是知）が宗家を訪問し、家達との面談で婚約が整ったことが記される。そして、翌々日の同月五日に宗家にて結納がすまされる。このあと三月九日には、午後の汽車で華頂宮が静岡の慶喜邸を訪れ、夕方の汽車で慌ただしく帰京する。なお、この時慶喜は、厚とともに停車場まで見送りに出るが、これは皇族の迎送に参加したという点で、彼にとって画期的なできごとであった。

つづいて、五月二日に華頂宮からの使いがやって来て、両人の結婚を本年の一一月頃にしたいとの申し出がなされる。あわせて家達もこの点に同意していることが告げられる。そして、そのうえで本年が華頂宮の先代にあたる博経《ひろつね》親王の二十年祭にあたるので、慶喜の歌が求められる（慶喜は、この注文にさっそく応じ、家達を通して短冊を宮邸に送る）。

このあと、結婚に向けての動きは順調に進展し、宮側の求めで経子が華族女学校を同年九月八日付で退学し（八月一八日と九月一〇日の条）、翌年の一月五日には勅許を受けて、同月九日に婚姻が成立する。当然のことながら、以後宮夫婦と慶喜（家）との交流は密度の濃いものとなり、これが慶喜のその後の人生にも大きな影響をおよぼすことにつながる。

東京への移転とその理由

徳川慶喜の一家が、三十年におよんだ静岡での生活を切りあげ、東京への移転の動きを見せるのは、明治三〇年（一八九七）も一〇月に入ってからのことであった。すなわち、「家扶日記」の一〇月一四日の条に、突然東京への移転に関する記述が登場する。そして、一週間を経た一〇月二一日に移転の日が来月二一日に内定した（宗家から承諾の連絡がきた）と書かれる。そのうえで、一〇月二四日、慶喜の謡いと弓の相手をそれぞれ務めていた小杉直吉と相原安次郎が呼ばれ、記念写真が撮られる。これは、いうまでもなく、東京への転居を念頭においてのものであった。そして翌一一月に入ると、同月九日、きたる一六日に静岡を出発することが表明される。

ところで、慶喜一家が突然といってもよい形で静岡を後にすることになった理由であるが、これにはいくつかの候補が挙げられる。まず、その第一は、慶喜の老齢化と健康不安であった。慶喜はこの年、齢六十を数えるに至っていた。そのうえ、数年前から彼の健康上に警鐘《けいしょう》を鳴らすような徴候が顕《あらわ》れ出していた。

すなわち、明治二五年の一二月頃から慶喜の尿に濁《にご》りがでてくる。そのため、翌明治二六年の一月に、癌手術後の美賀子の治療にあたるために来邸した佐藤進に対して、慶喜のことで相談がなされる。ついで同年の三月一五日には美賀子の容体うかがいをかねて来邸した橋本綱常から、慶喜の尿に異状が見つかったとの報告がもたらされる。また、これは既述したことだが、この間、一月から二月にかけて、慶喜が母登美宮の死去に際して上京した折、日本赤十字社病院で、慶喜の尿道・膀胱が検査された。その結果、ここでも慶喜の尿に異状が見つかり、とりあえず対処法のひとつとして多量の牛乳を飲用することが勧められる（また、慶喜はこのあと、鉱泉水の服用を橋本から勧められ、明治二六年から二七年にかけてフランスやドイツから輸入された鉱泉水を飲んでいる〔明治二六年四月一九日・七月二七日と明治二七年一二月一日の条〕）。さらに明治三〇年近くになると、慶喜は「粗漏気味」となったらしく、明治三〇年の一〇月一四日には、彼の尿水二瓶が分析のため小包で宗家に送られる（これは橋本へ検査を依頼するためであった）。

牛乳を飲む

なお、慶喜の牛乳飲用であるが、これは当時の日本赤十字社病院のごく一般的な対処療法であったと考えられる。私は、いま事情があって勤務先の図書館に預託されている「杉田家文書」なるものを読んでいる。「杉田家文書」とは、福井県出身の自由民権運動家として知られ、のち衆議院議長にまで昇りつめた杉田定一《ていいち》に係わる一連の膨大な史料群である。その中に、明治二十年代の半ばに、当時東京の南豊島郡渋谷村にあった赤十字社病院に入院していた杉田が、やはり牛乳をさかんに飲用していたことをうかがわせる史料がある。「牛乳搾取販売所」から杉田に宛てた、かなりの数の「牛乳代価請取書」がそれである。

もっとも、その中に「陸軍衛戍病院・順天堂病院御用乳牛所」に指定されている麹町区五番町にあった牛乳販売店から、杉田に宛てた明治二六年一〇月三一日付の「牛乳代価請取書」があることから判断すると、牛乳を勧めていたのは、なにも赤十字社病院に限ったことではなく、佐藤進が経営していた順天堂病院なども同様だったらしい。したがって、いずれにせよその両病院と関係の深かった慶喜が、多量の牛乳を飲むことを求められたのは、ごく自然なことであった（慶喜には、すでに幕末段階で牛乳を飲んでいたとの説がある）。

そういう訳で牛乳を日常的に摂取するようになった慶喜であるが、ここでいかにも慶喜らしい慎重な性格が発揮されることになる。慶喜が飲用するための乳牛は、旧城内の牧場で飼われていた牛が対象となったが、慶喜は明治二六年の三月九日、獣医を呼んで乳牛の検査をしたのである。

明治期の慶喜に関しては、彼が伝染病を恐れて、農村などに狩猟や写真撮影に出向いた際、持参した弁当と飲料水以外は口に入れず、誰がどんな御馳走を供しても、それらには一切手をつけなかったという証言がある。たとえば、彼が弟の昭武のいる松戸に鳥撃ちに出かけ、村長宅の客間で休息した際、「田舎ではもったいないような豪華なお料理」をそれこそ山のように出されても、慶喜だけが「終始何一つ」箸をつけず、「出されたお茶まで」も飲まなかったという（『女聞き書き　徳川慶喜残照』二五〜二六頁）。これは彼の慎重な性格によるものである。とにかく彼の伝染病に対する用心は深かった。一、二例を挙げると、慶喜が乳牛を検査させた前年にあたる明治二五年に、東京その他で天然痘が流行した時には、彼は家族および使用人一同に対し、種痘を実施している（二月二八日の条）。また、翌明治二六年には日本赤十字社病院から牛乳の飲用を勧められる直前に、買い上げた和牛の試験（おそらく雑菌の有無や乳成分の分析などであろう）を行わせている（明治二六年四月六日の条）。

慶喜は牛乳を飲むにあたって、栄養がどれくらいあるかを知るだけでなく、病源菌が自らの体内に入りこむ可能性を極度に恐れたのである。そのため、いよいよ牛乳を飲用せざるをえなくなった段階で、再び改めて専門家に依頼して徹底的な検査を実施した。「家扶日記」によると、多量の牛乳の飲用を勧められた数カ月後にあたる明治二六年の七月三日、静岡家畜病院長で獣医の上田貞三郎が慶喜邸を訪れ、かねてから依頼のあった牛（農商務省に血統を保証された第二磨墨号か）を検査した結果、異状がない旨を報告している（『慶喜邸を訪れた人々』二〇九・二一四頁参照）。

現代の我々の眼から見れば、少々常軌を逸した行為のようにも受けとれるが、それだけ慶喜の疫病に対する恐怖心が強かったということであろう。そして、こうした慶喜であったからこそ、明治二十年代の後半から三〇年にかけて尿に異状が生じ、粗漏気味となると、自分の健康に強い不安を感じだし、良医の揃う東京への移転を強く望むようになったとしても、なんら不思議ではないのである。

子女の東京移住

慶喜一家の東京移転理由の第二の候補として挙げられるのは、彼の身辺が急に寂しくなったことである。東京で分家独立した厚をはじめ、子女の多くは結婚のため、あるいは学習院への入学のため、静岡を離れて東京に去った。また最後まで静岡に残っていた九男の誠（明治二〇年一〇月三一日生）と十男の精（明治二一年八月二三日生）も、ともに学力・体格検査がすみ、明治三〇年の九月に学習院への編入を通告された。つまり慶喜にとって、末の息子二人が慶喜の許から去ることが確実となった。その結果、老齢に達しつつあった慶喜が深い寂寥をおぼえ、彼をして東京へ向かわしめることになったものと想像される。他方、慶喜が静岡に残ったため、子女やその配偶者もわざわざ静岡にやって来ざるをえなくなる。それは経費の面でも、時間の面でも、多大なロスを相手方に強いることになった。

また長年にわたって慶喜（家）を監視し、その行動を抑止していた勝海舟の呪縛がようやく薄らいだことも、東京移転になんらかの関係を持ったものと思われる。慶喜一家を長年にわたって静岡に押し込めてきた海舟も、明治二十年代の後半を迎えると、病気や視力の低下によって、衰えが目立つようになる。じじつ、海舟の日記は、明治二五年の一一月二七日から二六年の三月六日にかけて病気で中断されたあと、極端にその分量が減る。考えてみれば彼も明治二六年の時点で、七十歳の老齢に達していた。つまり、この時から死去するまで数年の歳月しか残されていない老人となっていた。

また、その他の理由としては、明治三〇年の六月六日に慶喜家に窃盗犯が侵入した(明治二六年の九月五日につぐ、西草深邸で二度目の盗難事件であった)こと、および同年の一月晦日に厚に男子(喜翰《のぶもと》)が、またその翌月の二月一〇日に松平斉に嫁いだ七女の浪子にやはり男子(斉光《なりみつ》)が誕生したことが挙げられる。すなわち、治安の悪化に慶喜が「不快」な思いをしたことと、孫のあいつぐ誕生があった。こうしたことも慶喜に東京への移住を決意させる一因となったものと想像される。

静岡を出発

短時日の間に東京へ移り住むことを決断したため、慶喜一家の旅立ちは慌ただしいものとなった。一一月一二日に市長や助役、それに市議会議員らに別れを告げた慶喜は、翌一三日に久能山・宝台院・浅間神社への参拝をすませたあと、県知事に挨拶に赴く。そして一六日、旧藩士族・静岡市参事会員ならびに市議会議員・県立尋常中学校生徒・師範学校付属小学校生徒らが見送るなか、慶喜一家は、午前八時一五分発の汽車で静岡をあとにする。

第二部　東京時代の徳川慶喜

第五章　修復された皇室との関係——公爵授与以前

写真撮影中の慶喜（徳川昭武撮影　松戸市戸定歴史館提供）

1　天皇・皇后との会見

新たな交流関係の創出と拡大

「家扶日記」が一ヵ月半近くにおよんだ中断を経て、再び始まるのは、明治三一年（一八九八）の正月一日からである。この間、移転にともなうごたごたのため、家扶らに筆をとる時間的・精神的な余裕がなかったためであろうか。それとも、あるいは、これから始まる東京生活に係わる第一筆を記すには、新年正月こそ相応《ふさわ》しいと判断した結果かもしれない（なお、慶喜一家が東京での新生活の場としたのは巣鴨であった。当時の巣鴨は今とは違って、見渡す限り麦畑のつづく、ひなびた所であった。また巣鴨邸の庭には、たくさんの梅の木が植えられ、近所からは梅屋敷と呼ばれた）。

それはともかく、明治三一年以降の「家扶日記」からは、慶喜（家）の東京生活が、それまでの静岡時代と大きく変わったことが読み取れる。まず変化の対象を慶喜最大の趣味であった狩猟にしぼれば、それまでの身近に山野があった環境から一転して、東京府内での狩猟が困難となる。そのため、新たなハンティングスポットを獲得していく必要が出てくる。

ところが、これが結果的に、東京時代の慶喜を特色づける新たな交流関係の創出と拡大をもたらすことになる。実弟の徳川昭武との交流が以前より深まったことは言うまでもないが、いままで静岡にいたため、まったく接触がなかったか、もしくはそれほど親密な間柄ではなかった一群の人物（有栖川宮威仁《たけひと》親王や旧高松藩主の松平頼聡《よりとし》、それに蜂須賀正韶《まさあき》侯爵や池田輝知侯爵ら）との親密な交流が始まる。これらの人々は、いずれも慶喜の実家である水戸徳川家および慶喜家と親戚関係にあったうえ、東京府の内外に広壮な別邸（すなわち鴨猟などが可能な場所）を持ち、共通の趣味を楽しめたからである。

東京での慶喜居住地位置関係図（明治38年当時）

もっとも、限られたごく親しい人々との交流という点では静岡時代と変わりはなかったが、その交流の範囲が一気に拡がったのである。なかでも有栖川宮威仁親王との交流は、その頻度といい、交流の深さといい、重要な位置を占めた（なお慶喜の新たな狩猟場となったのは、①近場の田端や駒込②昭武の住む松戸を拠点とする亀有や柏などの常磐線沿線③板橋や練馬などの旧中山道筋であった。また後に、四女の筆子と十一女の英子は、それぞれ蜂須賀正韶、水戸家当主の徳川圀順《くにゆき》と、また七男の久は威仁親王の娘実枝子と結婚することになった)。

有栖川宮との関係

ところで、その有栖川宮威仁親王であるが、彼は徳川慶喜と極めて血縁的に濃い関係にあった。だいたい慶喜の実母登美宮からして、有栖川宮家第六代の織仁《おりひと》親王の娘であった。そして、慶喜の実兄で父徳川斉昭のあとを嗣いだ慶篤の妻幟子《たかこ》は、有栖川宮家第八代幟仁《たかひと》親王の娘であった。また、有栖川宮家第九代熾仁《たるひと》親王の妻は、昭武と同腹で慶喜の異母姉妹にあたる茂姫であった。そして、慶喜の嗣子久の妻となった実枝子は、いま記したように、有栖川宮家第十代威仁親王の娘であった。

一見して、いかに徳川慶喜と有栖川宮家との血縁的なつながりが深かったかが理解できよう。そして威仁親王は、慶喜より二十四歳も年下だったが、両者は最初から不思議と気が合ったようである。親王は東京にやって来たばかりの慶喜と、明治三一年の二月九日に初めて対面し、慶喜がこれから国によって優遇されるように斡旋することを約束し、事実その通りの行動をとる。

いっぽう慶喜の方も、何ごとにつけ体を動かすことを厭《いと》わない活動的な親王(親王には、のち日露戦争時に自動車を購入した際、運転手が見つからなかったので、自身でハンドルを握って運転したという話が残されている）に、自分との類似点を見出したのか、この年若き友人との交流に前向きな姿勢を示す。忘年の友（年齢差を超えた友人）という言葉があるが、二人の関係はまさにそうなったのである。もっとも、若くしてイギリスに海軍の勉強のために旅立ち、帰国した後の明治二十年代から明治三十年代初めにかけてたびたび国用でヨーロッパに渡るなど、国際人であった親王から、慶喜がかの地の情報を得ようと進んで接近した可能性も十二分にある。

いずれにせよ、両者の交流はここに深まり、以後この有栖川宮威仁親王が窓口になって、慶喜は皇室関係者との関係を強めていくことになる。

初めての参内

華頂宮博恭王や有栖川宮との親密な関係が築かれたためか、東京へ移転して間もなく、明治天皇との対面が実現する。「家扶日記」に「御前（＝慶喜）近々の内御参内」と記されるのは明治三一年二月一八日のことであった。そして、三月二日に慶喜は参内し、「天皇皇后両陛下へ御拝謁」となる。例によって、はなはだ簡略な記述だが、慶喜は明治になって初めての参内を果たしたのである。

ところで、この慶喜の参内は、徳川一族にとって真にめでたいできごとであった。なかでも喜びを一番最初に素直に表したのは、昭武であった。彼は、慶喜が参内した翌日、一番列車に乗って巣鴨邸を訪れ、慶びの声を伝えた。そして五月八日には、松戸の昭武邸に慶喜・家達・厚らが集まり、祝いの会が催される(『徳川昭武――万博殿様一代記』二四三頁)。

なお、この慶喜の参内に関しては、よく取り上げられる有名なエピソードがある。それはこの日、慶喜と酒をくみ交わした明治天皇が、慶喜が帰った後で、伊藤博文に「伊藤、俺も今日でやっと今までの罪ほろぼしができたよ、慶喜の天下をとってしまったが、今日は酒盛りをしたら、もうお互いに浮世のことで仕方がないと言って帰った」と語ったというものである(田中彰『明治維新の敗者と勝者』二二四~二二六頁。同『明治維新』七四頁)。

もともと「控え目」で「はにかみ屋」であったといわれる天皇睦仁《むつひと》が(『皇后の近代』五三頁)、慶喜に対して、このような発言を実際に行ったかどうか、私には判断がつかない。右の伝説的なエピソードは、伊藤博文が奥田義人《よしんど》に喋り、その奥田から吉野作造へ、ついで尾佐竹猛《おさたけたけき》へと伝わったものを高橋正雄が聞いて、座談会の席で話した一文によったらしいからである。いくらなんでも、これだけの人々を介在しての天皇の発言であるから、私には全幅の信用をおく気持ちにはなれない。

まあそれはそれとして、こうした不確定な天皇発言に比して、よりはっきりしているのは、皇后美子《はるこ》がこの日の会見で重要な役割を果たしていることである。すなわち、『最後の将軍　徳川慶喜』所収の「徳川慶喜日記」（この日記のことについては後述する）によると、皇后は当日、慶喜に椅子に座ることを勧めるなど気配りを見せている（五四頁）。しっかり者の彼女が、夫に寄り添うようにして、天皇と慶喜の面会が実のともなうものとなるようにはかったのである。

妻美賀子の死後も、慶喜（家）のことをなにくれとなく庇護したのは、この皇后であった。具体例をいくつか記そう。まず、この年の一一月二日に、皇后が実家の一条家に行啓した際には慶喜も呼ばれ、皇后と食事を共にする。そして、翌明治三二年の一一月二四日には皇后の御機嫌うかがいに慶喜が参内する。その翌明治三三年の一月一二日に慶喜が参内した時には、わざわざ皇后は慶喜と会い、袴地一反や菓子などを彼に与えている。また、それから十日経つか経たない時点で、皇后宮大夫《だいぶ》の香川敬三《かがわけいぞう》（元水戸藩士で、幕末の一時期慶喜に仕えたことがあった）を介して慶喜に「御苑製の御茶壺」を恵んでいる（「家扶日記」の一月二二日の条）。慶喜に対する皇后の配慮は、他の人間に対する時と同様に、まことに行き届いたものであったといわざるをえない。

なお、ここで少々下卑たことを記すと、皇后美子と慶喜は、ひょっとすると結婚した可能性もないではない間柄であった。彼女は慶喜と一度は婚約した照姫の実妹だったからである。両人の年齢差が十二歳とありすぎたのが難点だったが、可能性がまったくなかったわけではない。また、皇后には、「守旧的な慣習の残る明治の宮中で、西洋の近代に学び」、かつ「日本近代化の意味をよく理解し」た「進取の気性に富んだ人物」だとの高い評価が寄せられている（『皇后の近代』四〜五頁）。慶喜もいずれ劣らぬ進取的で、西洋志向の強い人物であった。もし仮に、両人が結婚していたとすれば、けっして、あい容れぬカップルではなかったであろう。

会見は再度の敗北か

話を本筋に戻す。慶喜の天皇・皇后との会見については、「かたくなに天皇と会見することを避けてきた」慶喜が、「『抵抗』の旗を下ろしたという点で、二度目の『敗北』と見ることもできる」といった評価がある（大庭邦彦「趣味人として生きる」『図説・徳川慶喜』九七頁参照）。

このような評価は、本書の冒頭部分（プロローグの項）でも指摘したように、幕権の回復に最後まで執着していた慶喜にとって、明治の三十年間は文字どおり失意の時代であり、近代天皇制国家に対して、消極的にせよ抵抗意識を持ちつづけたと見ることに、そもそもはよる。そして、だからこそ、明治二〇年に天皇が宗家へ行幸した際に、慶喜が列席しなかったとされる。すなわち、慶喜はそうすることで、天皇政府からの和解の申し出を「拒絶」したと見るのである。いや、それどころか、静岡に居つづけることこそれ自体が、慶喜の和解拒絶の意志を間接的に物語るとされた（『徳川慶喜――その人と時代――』一八二頁参照）。それは、ある研究者の言葉を借りれば、すぐれて「超政治的な抵抗」であったとされる。そして、それが天皇との会見や後述の公爵授与に慶喜が応じた（慶喜が承諾した）ことで毒ぬきされ、その結果慶喜は維新の時以来、再度（二度目）の敗北を喫することになったと評されたのである（『明治維新の敗者と勝者』二二五〜二二六頁）。

そしてさらに書くと、このような評価の背後には、明治期の慶喜を公的権力から離れ、自由な立場にあった隠居（私人）であったと捉える認識があった。

しかし、明治期の慶喜は、先に見た勝海舟らとの関係でも明らかなように、自己の意志にもとづいておのれの行動を選択できるほど自由な状況に置かれていなかった。彼は天皇との会見を拒否しつづけられるような立場ではありえなかったのである。

会見がもった意味

それはさておき、天皇・皇后との会見が慶喜（家）にとって極めて大きな意味をもったことは疑いない。三月二日から翌三日にかけて、慶喜は、有栖川宮以下計一一名の関係者や親族に対して、参内時の様子などを知らせる直書を出すなど、彼としてはめずらしく喜びを精一杯表した（他は、蜂須賀正韶、徳川昭武、田安家・一橋家・両池田（旧岡山・鳥取藩主）家の各当主、厚、華頂宮と男爵松平斉に嫁いだ二人の娘、南部明子（慶喜の姉。盛岡藩主南部利剛《としひさ》の室）であった）。

また翌三日、慶喜は、さっそく勝海舟邸を訪問し、天皇・皇后との会見の模様を報じたが、これが慶喜にとってどのような意義を有したかは、あらためて指摘するまでもなかろう。この日の訪問に関しては、明治期の海舟の最大の課題が、徳川将軍家の存続と慶喜の名誉回復にあったとしたうえで、ここに海舟の「悲願」が達成されたといった見方がある（『没後一〇〇年　勝海舟展』一一七頁）。が、慶喜の立場からいえば、長年にわたって、自らの行動を制御せざるをえなかった最大の要因が取り除かれたことこそ重要であった。すなわち、誰の眼にも明らかな形で明治天皇との和解が成立したことで、長年慶喜を苦しめてきた逆賊の汚名がようやくにしてはずれ、彼の名誉回復が達成されたのである。普通ではない格段の喜び方を慶喜がした理由も、そこにあった。そしてなにより、この日をもって、慶喜に対する勝の支配が終息を迎える。比屋根かをる氏の旨《うま》い表現に従うと、「東京と静岡とに離れて、三〇年間、互いに相手の顔を見ずに、将棋をさしていたような二人」（『晩年の徳川慶喜——将軍東京へ帰る』一〇〇頁）の関係に、ようやく慶喜が一矢を報いるという形で、終止符がうたれたのである。

思い起こせば、とにかくそれまでの慶喜は、頑ななまでに、逆賊として置かれつづけてきた自らの立場にこだわりつづけていた。東京に移る直前の明治三〇年の七月三〇日に、伯爵の大原重朝（故重徳《しげとみ》の孫）が、京都から帰京する途次、わざわざ静岡の慶喜邸を訪ねて来た際も、けっして会おうとはしなかった。そのため大原は、この日の汽車に乗って帰京せざるをえなかった。また、天皇との会見直前の紀元節参賀式典への参加も、「所労」を理由に断っていた。

そうした態度が、天皇・皇后との会見以後、大きく変わる。まず彼の日記が、この謁見当日から復活する。これは、彼の心の中の大きな変化を表すものであった（ただ、いま現在慶喜自筆の日記原文は、その存在が確認できていない。慶喜の日記を抜粋・清書したものが三冊残されている。大庭邦彦「徳川慶喜『日記』（抄録）の記載事項をめぐって」『最後の将軍　徳川慶喜』所収）。また、これを契機に、やがて宮中で催される公式行事（新年宴会や天皇主催の観桜会・観菊会など）に毎年招待を受けるようになるが、招待を断ることは原則としてなくなる。そして、翌明治三二年（一八九九）の正月一日から参内が開始され、この年一一月三日の天長節には天皇から祝宴に招待され、かつ観兵式に参加する（観兵式への参加はどうやら慶喜の希望によったものらしい。例によって、めずらしいもの見たさにもとづくものであろう。上野秀治「明治三〇年代の徳川慶喜（二）」）。そして、翌年二月一一日の紀元節にも、当然のことながら参内する。

他方、この明治三二年の正月から、芝と上野の東照宮にそれぞれ参拝することもはじまる。すなわち慶喜は、ようやくにして、先祖の霊屋に年賀の挨拶におもむくことができるようになったのである。ついで、明治三三年の四月一六日には、吹上御苑を拝観したいとの慶喜の内願が聞き届けられて、同所におもむく。吹上御苑は旧幕時代の吹上御庭で、維新前には徳川家歴代将軍の霊廟があった。したがって、ここでも彼は先祖の霊に名誉回復を報じたのである。

そして、同年の六月二二日に麝香間祇候を命じられてからは、病気ではない限り、定例の参内は欠かさなくなる。そして、やはり同年の一〇月一八日には、天皇・皇后に拝謁したあと、再度吹上御苑の拝観をしている。そのうえ皇后から織物や硯・人形等を拝領した。慶喜は、近代天皇制国家にすっかり包み込まれることになったのである。そしてこれは、明治三三年の四月に、皇后宮大夫の香川敬三が皇后に言上した書中に、「ただただ御所へ参り候を（慶喜は）このうえなき栄誉と致しおり候」とあったように、徳川慶喜の望むところでもあったと思われる（上野秀治「明治三〇年代の徳川慶喜（三）」）。

2　皇太子との交流

皇太子との出会い

つづいて、東京移転後の特色として指摘できるのは、東宮明宮《はるのみや》嘉仁親王（後の大正天皇）との交流が生まれ、深まることである。慶喜と東宮（以下皇太子とする）の初接触は、明治三一年（一八九八）五月二〇日のことであった。この日はじめて会った慶喜に対し、皇太子は自ら赤坂離宮内にあった東宮御所を案内し、親しく会話を交わした（柏木一郎「それからの慶喜」、『最後の将軍　徳川慶喜』）。そして、これにはこの年の三月に東宮賓友《ひんゆう》を命じられ、皇太子の輔導と監督を担当することになった有栖川宮威仁親王が仲立ちをした。親王はこのあと、翌明治三三年の五月八日に正式の東宮輔導となり、皇太子の生活に関するすべての事務を管掌する「東宮職」（東宮大夫以下の関係者によって構成される）をその指導下におくことになる。

明治33（1900）年、結婚の儀の皇太子嘉仁親王

　威仁親王に皇太子の考えをよく理解したうえで、病弱であった皇太子の健康状態を把握し、時に皇太子の相談相手となることを期待したのは、父の明治天皇であった。そして親王は、明治天皇の全幅の信頼を背に、皇太子の「御健康を第一に、御学事を第二」とする輔導方針のもと、皇太子の教

育にあたることになった（原武史『大正天皇』四九〜五〇頁）。

そして同親王は、皇太子の輔導にあたっては、慶喜を皇太子に近づけることが教育上効果があると判断したのであろう、皇太子と慶喜の両人を結びつける役割を積極的に果たしていく。

皇太子・慶喜両人の交流が深まるのは、明治三二年四月三〇日以降のことであった。前日（四月二九日）に皇太子の宗家邸への行啓の通知並びにその場への出席を求められた慶喜は、三〇日に徳川家達邸でふたたび皇太子に会う（この日慶喜は、久や誠〔九男〕らの子供たちとともに皇太子に会い、慶喜に対しては白縮緬一疋の拝領があった）。そして、翌五月一日、慶喜は東宮御所へ拝領品の御礼のために参上する。

娘が皇太子妃候補となる

ところで、この約一年ぶりの再会であったが、これは慶喜家にとって微妙な時期にあたっていた。というのは、慶喜の二人の娘（八女の国子と十女の糸子）が、当時、皇太子妃の候補となっていたからである。上野秀治氏の紹介する史料によると、皇太子妃が決定に至るまでの経緯は、おおよそ次のようなものであった（「続・明治期における東宮妃選定問題」）。

まず明治二六年（一八九三）五月段階で、伏見宮禎子《さちこ》女王が皇太子妃の候補者に内定する。ところが、禎子が明治三〇年に盲腸炎を患《わずら》い、さらに彼女に肺疾の痕が見つかったために、明治三二年二月六日の宮中での会議で、この内約が解消される。そしてこの後、新たな候補者が選ばれることになるが、その中に慶喜の娘二人が入ったのである。

もっとも、候補者を選定するにあたっては優先順位があり、その条件からいえば、慶喜の娘二人は最下位に位置した。なぜなら、優先順位では皇族を第一とし、皇族中に適任者がなければ旧摂家→旧清華家→他の公侯爵家の順で、皇太子妃を探すということになっていたからである。そしてこうした方針のもと、久邇宮家の女性（もと朝彦親王の九女純子）、北白川宮家の女性（能久親王の長女満子）、公爵九条道孝四女の節子《さだこ》、一条実輝の二女経子らとともに、慶喜の娘二人が妃候補として挙げられる。

その後慶喜の娘二人は、一時候補者リストからはずされたものの、どういう訳か明治三二年の六、七月頃に再び徳川国子だけが浮上してくる。それも有力候補としてであった。すなわち、宮内省幹部らが九条節子と徳川国子の二人を選び、宮内大臣から天皇に最終決断

左より徳川国子、英子、里子
（慶喜撮影　徳川慶朝氏所蔵、松戸市戸定歴史館提供）

が求められたのである。そして、この提示を受けて明治天皇が裁断し、九条節子に決定をみる（明治三二年八月二一日に内定）。

ところで、明治天皇が最終的に九条節子を皇太子妃に選定した理由であるが、これは定かではない。ただ、節子が公爵九条道孝の娘で、その道孝の姉が英照皇太后であった（つまり節子の伯母に当たった）ことを考えれば、まずは妥当な選択であったといえよう。また、かねてより伊藤博文の内命を受けていた華族女学校教授の下田歌子が節子を伊藤に推挙したことも、節子に決定をみるうえで大きな係わりをもったと思われる（『皇后の近代』八一・八四頁）。が、いずれにせよ皇太子と九条節子の両人は、翌明治三三年の二月一一日に婚約し、同年の五月一〇日に成婚となる。

皇太子が国子を見初めた可能性

このように、慶喜が皇太子との再会をはたした時期は、彼の娘が皇太子妃の候補に挙がっていた、まさにその最中であった。もっとも、皇太子本人がこのことをどこまで知っていたかはわからない。皇太子妃選びは、どうやら彼の知らないところで、密かに進められていたらしいからである。

ただ、これはあくまでも憶測の域をでないが、皇太子の宗家邸への行啓時に慶喜が国子や糸子らを含む娘も同伴して列席しているので、国子をこの時皇太子が見初《みそ》め、それが国子の再浮上につながった可能性もある。が、これはおき、彼ら両人が再会を果たしてからわずか一週間後の同月八日には早くも慶喜が東宮御所に招かれ、皇太子の夕食に陪席することになる（そのため再び、慶喜は翌九日、御礼のために東宮御所へ参入する）。そして、この年の七月一六日に慶喜が胸痛のため医師の高山恵太郎の診断を受けた際には、すぐに東宮御所から電話で容体が問い合わされる（「家扶日記」七月一九日の条）など、両者は以後急速に親密な間柄に入っていく。

ところで、皇太子の見せた慶喜への気遣いは、ひょっとして近い将来義父となるかもしれないなどといった配慮にもとづくものではなかったといってよかろう。一人の人間として抱いた、まったく個人的な好意の結果と見てよい。皇太子の慶喜に寄せる好意は、皇太子妃が九条節子に決定をみたあと、むしろ深まるからである。たとえば、明治三三年一月二〇日の「家扶日記」には、「明日一位様（＝徳川慶喜）葉山へ御入の儀、殿下（＝皇太子）（が）御企（希）望」なので、慶喜の「御都合御問合」の電報が、葉山の「有栖川宮御別邸」からあった旨の記述がある（翌日、慶喜はさっそく葉山へ出向いている）。続いて、同年六月二五日の条には、狩猟好きの慶喜のため、皇太子がわざわざ動物掛を派遣して、秋田犬二頭（匹ではなく頭とあるから大型犬であろう）を贈ったとの記述が見られる。

皇太子と慶喜の共通点

さて、本来ならばこのあとつづけて皇太子と慶喜の親密な関係についてつづるのが筋だが、ここでいったん途中下車して、皇太子と慶喜の性格および行動上の類似点について触れることにしたい。というのは、両人は年齢が親子以上に離れているにもかかわらず、不思議と共通する点が多く、そのことが皇太子の慶喜への好意となって現れたと考えられるからである。原武史と片野真佐子の両氏が指摘する皇太子の性格およびその行動上の特色は、次の諸点である(『大正天皇』の七四・七五・七九・一四〇・一四一・一六一・一六四・一九五・二八二頁。『皇后の近代』の八七〜八九・一〇七頁)。

①落ちついて一つのことに専念するのを好まず、思ったことをすぐに行動に移したり、口に出すタイプであった。
②意表をつくような言動をあえてすることで、相手の反応を楽しんでいるようなところがあった。
③好奇心旺盛で、皇室の権威をふりかざすことを極端に嫌い、気さくな態度をとった。
④一度言い出したら聞かない性格であった。
⑤自らの身体をさらすことに慣れており、写真を撮られることにさほど抵抗がなかった。またカメラ好きで、写真集めを趣味とした。

⑥洋風を愛することが甚《はなは》だしく、かつフランス語に関心を示した。また、そうした志向も手伝ってか、「広き世界の国々の、変る姿を見て来むと」云々という出だしで始まる「世界漫遊の歌」を好んだ。そして、これは、外国を見たいという願望にもよったと思われる。
⑦新しい環境やものごとに抵抗感がなく、自由に接近していこうとする性格の持ち主であった。

以上、アト・ランダムに両書の中から皇太子の性格およびその行動上に関する特色を拾い集めたが、これらは一見してわかるように、いずれも徳川慶喜にもあい通じる特色であった。

①はまさに慶喜の趣味の世界に該当し、②は政権返上をはじめとする幕末期の青年政治家慶喜の行動パターンの真髄であった。また③のある種の気さくさが慶喜にもあったことは、本書の冒頭でも具体的なエピソードとともに紹介したとおりである。④の特色は、幕末時に「剛情公」といわれた慶喜にそのまま重なる。⑤も同様である。⑥も「世界漫遊の歌」を除けば、同じである。⑦についても大いに共通している。

こうしてひとつひとつ重ね合わせると、皇太子と慶喜の両人が、その外貌の相違に反してキャラクター面で非常によく似ていることにあらためて驚かされる。しかも両者の類似点はこれだけにとどまらなかった。学習院での学生生活に適合できずに同校を退学し、赤坂離宮内に設けられた御学問所等で学力に応じた個人授業を受けるなど、「孤独で単調な日常生活」(『大正天皇』四一頁)を送った皇太子と、静岡で同様の生活を営んでいた慶喜は、互いに相手の心情を理解しうる立場にあったのである。

また、伊藤博文が渋沢栄一に語ったところによると、伊藤の眼に映った皇太子は、「誠に御怜悧《れいり》」「むしろ、あまりに御怜悧に過ぎはせぬか」と思われた人物であった(『渋沢栄一全集』第六巻、二一九頁)。怜悧すなわち頭が良く利口だとの評は、若き日の徳川慶喜にもついてまわったものであった。両人はこうした面でも、共通点を有していたのである。

皇太子が寄せる好意

臨時停車をして待ってもらっていた普通列車に再び乗り込み、各駅停車の旅をつづけることにしよう。皇太子の慶喜によせる好意が最もよく表れるのが明治三五年(一九〇二)一月の「家扶日記」であった。すなわち一月二九日に、威仁親王から今から興津に行って滞在するので、徳川昭武と二人で来るのを待っている旨の電話が慶喜邸にある。つづいて、その二日後の一月三一日に興津に滞在中の親王から皇太子が希望しているので、すぐにやって来て欲しいとの連絡(電報)が入る。すると、慶喜は興津行きを即断し、翌日の午前一〇時一〇分新橋発の汽車で興津へと向かう。

じつはこの時、華頂宮に嫁いだ娘の経子に男子が誕生し、翌日の二月一日が一月二六日に生まれた王子の「御誕生様御七夜」にあたり、同宮邸を訪問する約束がなされていたが、慶喜はそれよりも興津行きを優先したのである。そしてそれは、宮内大臣への届け出は事後承諾、宗家や親類への通知は電話ですますという慌ただしいものとなった（二月一日の条）。

なお慶喜は、この時同行した弟の昭武が二月一一日に帰京した後も、一六日まで長逗留する。同地周辺で行われたであろう銃猟等の楽しさにももちろんよったであろうが、それよりも皇太子の要望を受けての結果だと思われる。そしてこの間、慶喜は、宮内省から紀元節式典への招待状を受けとったものの、それを返上しての滞留となった。慶喜は紀元節よりも皇太子と時間を共にすることを選んだのである。

皇太子との会話

また慶喜の二週間以上におよんだ興津滞在中、興味深いのは、皇太子と慶喜との間でどのような会話が交わされたかである。むろん両人の会話の中身を知るすべはないが、二人は互いに話をする時には、「ケイキさん」「殿下」と呼び合ったらしい（『女聞き書き　徳川慶喜残照』二一九頁）。いずれにせよ、両人が興津でじっくりと様々な話をしたことは間違いないが、私が大いに興味を惹かれるのは、この明治三五年二月という時点が皇太子が前々年（明治三三年）の一〇月から前年（明治三四年）の二月にかけて行われた幕末史の勉強を終えた後だったことである。すなわち、東宮侍講として皇太子の教育にあたっていた本居豊穎《もとおりとよかい》（本居宣長のひ孫）の幕末史に関する講義がこの間なされた（『大正天皇』六一・七七頁）。

いうまでもなく、神代から始まった歴史の講義が幕末史におよんだ以上、慶喜の存在を避けて話を進めるわけにはいかない。ということは、皇太子は慶喜のことを教えられたということである。その歴史上の人物がいま彼の眼の前にいるのである。好奇心が旺盛で、思ったことはなんでも口にしたといわれる皇太子が、興にまかせて種々雑多な質問を慶喜にしたであろうことは容易に想像がつく。

明治期、自分の過去について語ることを極力避けたといわれる慶喜も、皇太子の質問をはぐらかすことはできなかったであろう。しかも相手は、権謀術数を苦とする、純粋で「怜悧」な青年であった。どのような質疑応答がなされたのか興味しんしんではあるが、我々はその内容をまったくうかがい知ることはできない。そして慶喜の興津滞在は終わる。

慶喜と共にすごした時日がよほど楽しかったのか、皇太子からの同様の指名は二カ月後の四月一一日にもあった。この日、威仁親王を介して、東宮大夫から来《きた》る一三日に皇太子が習志野の「御狩場」に狩猟に出かけるので、午前八時までに本所の停車場に来るようにとの一方的な通知がなされる（もっとも、この時は前日の一二日夜からの酷い下痢で、慶喜は同行できなかった）。そして、このような皇太子の好意に対して、慶喜の方も以後可能なかぎり積極的に応えていく。

いま挙げた下痢にしても、決して仮病ではなく、主治医の高山恵太郎が、四月一三日から五月初旬にかけて連日のように診療にあたっていることからも容易にわかるように、同行を断念せざるをえない悪質なものであった。

慶喜の腹痛癖

話が慶喜の下痢におよんだので、ここで彼の体質（病気）について若干ふれておきたい。私が幕末期以来の慶喜の生涯を探った時、ふと気づかされたことがある。それは彼にとって、重大な選択を迫られた時（もしくは環境の激変が予想された時）、しばしば猛烈な腹痛に襲われていることである。

その最も有名な事例を挙げると、文久三年（一八六三）四月一一日の石清水八幡宮への行幸時がそうであった。これは、孝明天皇が攘夷祈願のために行った行幸として広く知られているものである。この時慶喜は、将軍に代わって供奉したものの、八幡（現京都府八幡市）で所労を申し立てた後、城南宮まで引き返した。そして翌一二日、城南宮で天皇一行を出迎え供奉して帰る。

この慶喜のとった行為に対しては、当時も今も、慶喜が仮病を装ったとする説が有力である。すなわち、石清水八幡宮まで同行すれば、神前でいつ攘夷の実行を天皇から命じられるかもしれないと恐れた慶喜が、体調不良を故意に申し立てて逃れたと見るのである。むろん策士である慶喜なら、そうしかねないという判断が、その前提には例によってあった。

慶喜は後年、これが仮病などではなく、本当に天皇に供奉して山上まで行けないほど酷い腹痛であったことを語ったが、どうもあまり信用されてはいないらしい。だが私には、案外本当のことだったように思える。

もう一例だけ挙げる。それは、慶喜が死一等を減じられ、水戸への隠居謹慎を新政府から命じられた慶応四（明治元）年のことであった。この時慶喜は、先述したように、四月一〇日に寛永寺（大慈院）を出発して水戸に向かう予定だったが、「腹痛水瀉」で一日延期となったのである。これに対して『明治天皇紀』は、旧幕臣の中に、江戸開城の事を聞いて憤激する者が少なくなかったので、慶喜が病と称して退去の延引を請い、しばらく形勢を観望したためだと見た（第一巻、六七〇頁）。

しかし、私にはそうは受け取れない。当初の一〇日出発の予定は新政府側に届け出て、正式に了承を得たものであり、たとえ一日といえども変更することは容易ならないことだったからである。それが一日延期となったのは、「腹痛水瀉」とあることからみても、相当酷い下痢に悩まされた結果であろう。ただこの時は猶予を許されない状況であったため、慶喜はわずか一日だけの延期で、それこそ必死の思いで水戸へと向かうことになったものと思われる。

私は、以上挙げたほんのいくつかの事例から、慶喜が緊張すると腸の動きが活発となって腹痛が起きる過敏性大腸症候群ではなかったかと想像するが、いずれにせよ皇太子から狩猟の誘いを受けた時に、興奮のあまりか、またまた発症した可能性があると考える（もちろん明治三五年四月のケースは、若い時とは違って、老いの進行による衰えが大いに関係したと思われる。そうでなければ、これほど長期間にまたがる治療を必要とはしなかったであろう。なお明治三四年七月一七日に高山医師が下した診断には、「腸胃カタルの御症」とある）。

皇太子と会った日数

本題に戻る。慶喜はこのように、明治三二年以後、急速に皇太子と親密な間柄となったが、それは東宮御所への度重なる訪問となってあらわれる。すなわち慶喜は、年末年始の挨拶は無論のこと、皇子迪宮《みちのみや》裕仁（のちの昭和天皇）の誕生祝や自身の昇爵・叙勲の御礼など、なにかにつけて東宮御所に参上するようになる。

たまに行われる皇太子の迎送（新橋駅での）への参加や狩猟への同行等を含めて、どのくらい、慶喜が皇太子と一年間に会ったかを、「家扶日記」からざっと拾ったところ、次のような結果となった。それは日数でいうと、明治三三・三四・三七・三九年が十日弱、同三五・三六・三八・四〇年が十日強というものである。ただし、これは厳密に数えたものではなく、おおよその日数であるが、大雑把にいって一カ月か一カ月半に一回の割合で両人は会っている勘定となる。これは、天皇一家に対するものとしては、かなりの頻度といってよかろう。皇太子側もさることながら、慶喜の中にも、若き皇太子に何か心惹かれるものがあったからこそ、このような頻繁な往来となったと考えられる。

最後に、皇太子と慶喜との関係についての説明を終了するにあたって、是非ともふれておかねばならないことがある。明治三六年（一九〇三）六月一二日をもって、威仁親王が自ら強く希望して東宮輔導を免ぜられたことである。すなわち同親王は、皇太子の独立心を養成するためには東宮輔導を廃止する必要があることを明治天皇に訴え、その結果、同職を免職となった（『大正天皇』九五〜九六頁）。

威仁親王が皇太子の輔導・教育から身をひいたことで、さすがに皇太子と慶喜との交流の密度は以前ほどではなくなる（これは、間に立って段取りをしてくれる人間がいなくなった以上当然のことであろう）。しかし、いま挙げたごく簡単なデータからも明らかなように、威仁親王が東宮輔導を罷《や》めたからといって、皇太子と慶喜の両人が会う機会がメッキリと減ったわけではない。また明治四一年以降、両人が会う日数は減少に転じるが、これは慶喜の衰えがいっそう進行したことと、父明治天皇の代行を皇太子が務め多忙となったことによる。

ざっくばらんとなった行動

この他、東京への移転（天皇・皇后との会見）後の慶喜（家）に係わる特色として挙げられるのは、慶喜の行動が非常にざっくばらんなものとなることである。これには、もちろん皇室との関係修復が一番大きく係わったが、勝海舟の死も影響したと想像される。勝が亡くなったのは、明治三二年（一八九九）の一月一九日（彼はこの日、赤坂氷川の自宅で倒れ、そのまま息を引き取った）であったが、この年の八月一七日から九月一日にかけて、慶喜は息子の厚を同伴して日光への旅行を楽しんだ。そして時には自転車に乗って、銀座や東宮御所・宗家への遠征を試みるようになる。なかでも慶喜一番のお気に入りの場所となったのが銀座であった。彼はしばしば銀座へ運動を兼ねて買い物に行くようになる。その結果、「細面《ほそおもて》の上品なおじいさん」（巣鴨の慶喜邸で家職をしていた中川友太郎の娘青木もんの印象。『女聞き書き　徳川慶喜残照』二四頁）となっていた慶喜の姿が銀座の街角で見られるようになる。

そして散歩などをした際、気に入った場所に出くわすと、少し間をおいて撮影に出かけるなど、ノンビリとした日がつづくようになる。たとえば、明治三五年（一九〇二）の四月三日、江戸川辺へ散歩にでた慶喜は、その光景が印象に残ったのか、一日おいた四月五日、再び江戸川辺に撮影に出向いている。そして、その四日後の四月九日には上野の博物館へと足を運んだ。まことに自由きままで悠々自適な生活ぶりであった（そうして撮った写真の中に気に入ったものがあれば、まれに榎本武揚などに送付した）。

また、東京に移ってからの慶喜は、静岡時代よりもはるかに時代の最先端をいく事物（いわゆる流行品）に接することができるようになった。そのため本来の性分であるハイカラ趣味が大いに高じ、周りもまたそれを満足させようとするようになる。たとえば、「家扶日記」からは、遅くとも明治三二年の二月段階（この月の一日に東京―大阪間の長距離電話が開通した）で、慶喜家がすでに電話を引いていたこと（二月一一日の条）、宗家の電話が開通したのがその翌月の一六日のことであったことなどが知られる。これまでたびたび強調してきたように、なにごとも宗家を押し立てた徳川慶喜ではあったが、こと新しいものの導入に関しては別だったのである。また同日記からは、華頂宮夫婦から御土産として贈られた「アイスクリーム製造器」で自家製のアイスクリームを味わい、かつ蓄音器でレコード鑑賞を楽しんだらしい慶喜の姿が垣間見える（明治三三年六月一五日と同三七年九月一五日の条）。

活動写真を見る

その一方で、慶喜は誘いを受けて、散歩や運動以外の目的でも積極的に出歩くようになる。渋沢栄一の案内で渋沢が創業した王子製紙所を見学したり、あるいは浜離宮の観梅会や宗家の催した汐干狩に参加したりするようになったのである。またこの間、明治三二年の六月一〇日には、神田錦町にあった錦輝館で活動写真（いまの映画）を見ている。

この日、慶喜が見た映画はどうやら「米西戦争活動大写真」であったらしい。これはアメリカとスペインとの戦争（スペイン領であったキューバの独立運動に端を発したアメリカ合衆国とスペインの戦争。一八九八年にアメリカがキューバの解放を掲げてスペインに宣戦布告し、同年アメリカの勝利によってキューバが独立し、あわせてスペイン領であったフィリピンのアメリカへの割譲が決まった。アメリカが一躍世界の強国の仲間に入ることになった戦争）に関する実写フィルムで、日本で初めて上映されたニュース映画であった。

戦前、日活の社長を務めた横田永之助の談話によると、当時映画はすべて実写もの（記録映画）ばかりで、サンフランシスコのゴールデン・ゲートの下を波を蹴って入港する大小汽船の風景や、市内の火災現場の様子などを見せるたわいないものであったが、この実写フィルムに観衆はまったく我を忘れて見入ったという。そして、このような類のものでも人が押しかけて、錦輝館では二階部分が下落したこともあったらしい。こうした中、むろん慶喜は特等席に座って観賞したであろうが、雑踏を厭わず、実写フィルム（考えてみれば、写真の延長線上にあるものではあった）に眼を凝らしたのである。いずれにせよ慶喜は、すっかりリラックスし出したといえよう。

こうしたそれまでとは異なった行動をとるようになった背景には、自らの隠忍自重を強く求めてきた勝の死が関係していると想像するのは、まんざらうがちすぎでもあるまい。明らかに勝の死によって重しがはずれ、慶喜はそれまでより、はるかに自由にはばたくことができるようになったと見られる。

なお、この点との関連でさらに補足しておくと、慶喜は自分に接近してくる者を拒まなくなる。たとえば明治三二年の四月二四日には前島密《ひそか》が、同三三年の六月四日には外務大臣の青木周蔵が、同三四年の一二月二九日には松平容保の長男で当時貴族院議員であった松平容大《かたはる》が、それぞれ訪ねてくるが、慶喜は彼らに会っている。慶喜は暗い過去を共有した容保の遺子らと面談できるほど、おのれの過去を清算しつつあったのである。

また、明治三五年の五月五日には大倉喜八郎の招待を受けて、大倉邸に赴いている。大倉喜八郎は、いうまでもなく新政府の御用商人として財を成した明治・大正期を代表する実業家であった。その大倉を拒絶することもなく受け容れ、以後彼ら両人は、ともに同年（天保八年）生まれということも手伝ってか、親密な間柄となっていく。

小日向邸（慶喜撮影　徳川慶朝氏所蔵、松戸市戸定歴史館提供）

小日向邸への転居

本章の最後に、慶喜が転居したことにもふれておきたい。慶喜一家が巣鴨から小石川区小日向《こびなた》第六天町五四番地（現在の文京区春日二丁目）の新居に移ったのは、明治三四年（一九〇一）一二月二四日のことであった。そしてこれには、日本鉄道の豊島線（現在のJR山手線）巣鴨駅の設置計画が大いに関係した。すなわち、同年の四月に、邸の門前に駅が開業することを知らされた慶喜家が（「家扶日記」の四月二五日の条）、工事の騒音や駅開通後の人口増による喧騒などを嫌って転居したものと思われる。そして慶喜は、この敷地三千坪（建坪千坪余り）をほこった小日向邸でその生涯を終える。

第六章

老いと自分史への協力——公爵授与以後

爵位服姿の慶喜（徳川慶朝氏所蔵、松戸市戸定歴史館提供）

1　授爵後の徳川慶喜（家）の変化

公爵授与とその背景

東京に住むようになってからの慶喜（家）には大きな変化が生じたが、やがて東京転居後もっとも重要なできごとが起こる。慶喜への公爵授与である。慶喜に人臣最高の栄爵であった公爵の爵位が授けられたのは明治三五年（一九〇二）六月三日のことであった。「特旨をもって華族に列せらる、特に公爵を授けらる」と、御沙汰書中にあったように、これは特例措置による授爵であった。すなわち、慶喜のように爵位を持っていない者が受爵する場合は、分家して新たに一家を樹《た》てる必要があり、しかもその爵位は男爵と決められていたにもかかわらず、例外措置がとられたのである。

どうしてこういうことになったのか、その理由は判然としないが、かねてから渋沢栄一が、山県有朋や伊藤博文を訪問して、慶喜の一身上のことに関して請願していた（「渋沢栄一日記」の明治三二年一月九日と二月一〇日の条を参照のこと）のが、功を奏した結果かもしれない。また、明治三五年の五月八日付で伊藤博文に宛てて発せられた桂太郎の書簡（『伊藤博文関係文書』第三巻、三六一頁）中に、徳川慶喜および故西郷隆盛の「叙爵」に対して、明治天皇の「聖断」が下り、前日（七日）侍従長の徳大寺実則《さねつね》から通知があったと報じられていることから考えると、薩長両藩関係者の間に、西郷隆盛の一段の復権（西郷は明治二二年に正三位に復し、形のうえでは復権を遂げた）を実現するために、バランス上徳川慶喜に公爵を授与した可能性もある（げんに、西郷隆盛遺子の寅太郎は、慶喜と同日に侯爵を授けられている）。が、いずれにせよこの授爵によって、慶喜の政治的復権は完全に果たされ、彼は世襲の終身議員として貴族院に議席を与えられることになる（ただし、慶喜は貴族院議員としての活動は一切しなかった）。

大庭邦彦氏の適切な表現を借りれば、「天皇・皇后との会見を契機として実質的に『復権』が認められ」ていたが、授爵によってそれが「公的に認知」されたのである（「趣味人として生きる」九九頁）。そのため、慶喜家では、以後毎年この日を「御授爵記念日」として、祝宴がもよおされることになる。すなわち、家達をはじめとする徳川の一族が集まって、御馳走を食す特別の日と位置づけられることになったのである。

ところで、『明治天皇紀』に、徳川慶喜に公爵の爵位が授けられたのは、有栖川宮威仁親王の請願だとする、ごくごく簡単な記述がある（第一〇巻、二四九頁）。これに対し、請願運動の開始者は皇后宮大夫で元水戸藩士の香川敬三であったとする見解もある（上野秀治「徳川慶喜の授爵について」）。

確かに、授爵直後の「家扶日記」を見ると、六月五日に香川が慶喜家に来邸し、七日には今度は慶喜がわざわざ香川邸と文部大臣官邸とを訪れており、こういったことからも香川がこの問題で大きな役割を果たしたであろうことがうかがわれる。

もっとも、私は請願運動の開始者として威仁親王と香川敬三のどちらかを特定すること自体にそれほどの意味があるとは思わない。本書でこれまで明らかにしてきたように、慶喜に好意的な立場をまずとり始めたのが皇后であり、次いでそれに有栖川宮や華頂宮、それに皇太子らが続いたことを考えれば、こうした人物（プラス渋沢栄一と香川敬三）のいわば有形無形（直接間接）の働きかけが、慶喜の授爵に最終的にはつながったと見なすのが一番妥当な判断だと考えるからである。

宗家からの経済的自立

それはおき、授爵後の慶喜（家）には、それまでとは大きく異なる目立った変化がいくつか見られる。その第一は、徳川家達（宗家）からの自立がハッキリとすることである。それまでの身分的にも経済的にも宗家に完全に従属していたあり方が、授爵によって新たに一家（徳川宗家別家）を興《おこ》すことが認められ、また経済的にも自立するようになったからである。

変化は「家扶日記」にただちに表れる。それまで家達のことを「殿様」などと称していたのが、「千駄ヶ谷様」「十六代様」「従二位様」（家達は明治三四年一二月二〇日に従二位に叙せられた）などと改まり、「御本邸」といった表現がやはり「千駄ヶ谷」「千駄ヶ谷御邸」等に改まる。それに伴って、皇太子の誕生日を祝う「御賀表」の提出などは、それまで宗家に任されていたのが、慶喜（家）から直接東宮大夫宛に提出されるようになる。

また、宗家からの経済的自立であるが、私が「家扶日記」を見た範囲では、宗家からの経済的支援は、明治三五年九月三日の「本月御定例金持参」という記述をもって途絶える。したがって、これ以後も、宗家からの経済的支援があったのかどうかについては判断がつかない。が、常識的な見方をすれば、この辺を境目にして宗家からの支援は打ち切られたものと考えられる。

主要な収入源は何か

そこで、つづいて問題となるのは、では公爵徳川慶喜家の新たな財務基盤となったのは一体何であったのかということである。公・侯・伯・子・男の五段階からなる爵位の中にあって、最高位に位置する公爵家ともなれば、体面をそこなうような生活は許されず、当然、それに見合った収入が求められた。だが、この収入源が実はよくわからない。明治一七年（一八八四）七月の「華族令」の制定後、勲功によって爵位を授けられた者に対して家門保続資金として一定の賜金が与えられることになったが、財政難を背景に、慶喜（家）に対しても同様の措置がなされたことをハッキリと明記した史料はないからである。「家扶日記」をみても賜金についての記述はない。また、おそらく新家の家産に充てるために、旧御三家などの徳川一族から、それなりの寄贈金があったものと思われるが、これも明らかにしえない。

ただ「家扶日記」からは、第一・第十五・第三十五の各国立銀行、日本鉄道会社、浅野セメント会社、日本郵船会社、大日本人造肥料会社（これらの多くは、渋沢が創立したか出資した企業であった）への株式投資による配当金収入がかなりの額にのぼったらしいことがうかがえる。また、日露戦争中の明治三七年から三八年にかけては、国に協力する姿勢を見せる必要もあってか、国庫債券（国債）購入の募集に応じて購入し、その利子収入があったこともわかる。

なかでも、重要な位置を占めたと思われるのが前者である。もっともこれは、明治政府の進めたいわゆる国策（富国強兵・殖産興業政策）に沿う投資であり、他の大名華族も同様の選択をした点で、なんら特異性をもつものではない。また、日本鉄道会社への投資は、慶喜とも親しかった蜂須賀茂韶が、有志の華族と明治初年から取り組んでいた事業であり、それに協力するのは、ごく自然なことであった（イギリス帰りの蜂須賀は、明治五年の一〇月に華族有志の家禄を集めて会社を設立し、東京と青森や新潟との間をつなぐ鉄道を建設する必要を明治天皇に訴えた。そして、この蜂須賀の提唱を受けて明治一四年の九月に日本鉄道会社の発起人総会が開催され、多数の大名華族が株主となる。そして、同会社は明治一七年の六月に開業したあと、上野―前橋、上野―青森間の線路を建設し営業するようになる。その後、明治三九年に国有化され、株式は公債に転換される）。

なお、最大の国立銀行として明治一〇年五月に創立され、開業した第十五国立銀行の株主はすべて華族で、その上位十名の大株主の中に、徳川慶勝・徳川茂承とともに、徳川家達が入っていた（同十位の家達の出資額は三十二万円余の巨額にのぼり、それは独立の国立銀行を設立しうるに足る金額であった）。また、明治三一年（一八九八）現在の徳川家達家の主要な持株銘柄の上位三つは、第十五銀行・日本鉄道・第一銀行であり、その内の上位二つだけで、全体の持株評価額中の八六・一パーセントを占めた。その他、将軍家と将軍家別家は、浅野セメントなどの安田系列企業の株式を多く持ちつづけた（伊牟田敏充「大名華族の株式投資」『歴史読本』第四九巻第五号による）。

以上、徳川家達家をふくむ大名華族の株式投資の特色をまとめたが、これと対比するとすぐにわかるように、公爵授爵後の徳川慶喜（家）の株式投資には、なんら固有と認められるべき特色はない。他の大名華族と同様に、銀行や会社の株主となることで得られる配当金収入が生活費の一部だったのである。その中で、しいて挙げれば株式投資を行うにあたって、渋沢栄一に依存する度合いが他の大名華族に較べて高かったくらいであろうか。すなわち慶喜（家）は、渋沢栄一の日本橋区兜町にあった事務所を通して、前記銘柄の株式を購入し、そこからあがる配当を主要な収入源にしていたと考えられる。

皇室との距離が狭まる

ついで、授爵後の慶喜（家）の第二の特色として挙げられるのは、天皇・皇后との距離が一段と狭まることである。その象徴が行幸に係わるセレモニーへの参加に集約して表れる。それまで天皇および皇后の送迎に加わることを頑《かたく》なに自制していた慶喜は、授爵後の明治三五年（一九〇二）一一月七日、天皇が九州に行幸する際と、それを終えて帰京した際（一一月一九日）に、新橋停車場へと向かい、送迎に参加する。

そして、翌明治三六年の四月から五月にかけて、やはり天皇・皇后がそれぞれ京都へ行幸・行啓を行った際（ただし、天皇・皇后は同日に帰京）にも同様の行動をとる（四月七・二二日、五月一一日の条）。そして、以後、これは皇族（宮）クラスにも対象が拡大され、定例化される。また、地久節《ちきゆう》（皇后の誕生日）等で参内し、かつ天皇・皇后と食事を共にする機会も次第に増えていく。

また、晩年（小日向時代）の慶喜に侍女として仕えた小島いとの思い出話によると、慶喜の麝香間祗候としての定日参内日（はじめ木曜日、のち明治四五年九月二四日から水曜日に変更となる）には、慶喜は皇后の配慮もあって、「お菓子や果物など（を）たくさん頂いて」帰宅したという（『女聞き書き　徳川慶喜残照』一九三頁）。

過去との訣別

第三は、授爵によって、慶喜がはじめて過去と訣別できたことである。つまり、朝敵の処分を受けた過去を、この段階ではじめて清算しえたということである。このことは、授爵の通知を受けた翌月の七月八日に爵位局へ「京都へ御旅行御願書幷御陵御参拝御願書」を提出し、許可を得た後すぐに京都へ向けて出発（七月一二日）したことに端的にうかがわれる。

慶喜は新橋―横浜間を汽車で行ったあと、横浜から船で神戸に向かい、七月一三日に湊川神社を参拝し、京都に入る。そして、一四日にまず泉涌寺《せんにゆう》にある孝明天皇陵を、引きつづき歴代の天皇陵を参拝した後、七月二三日に京都を出発し、伊勢神宮と静岡を経て、七月二六日に帰京する。そして、中一日置いた七月二八日に参内し、そのあと東宮御所を経て、有栖川宮威仁親王以下の各宮家や家達邸等を訪問し、帰京の報告を行う。

この二週間におよんだ関西旅行は、彼にとって思い出の地を訪ねるための単なる回顧の旅ではなかったはずである。長い間、彼に自制を強いてきたものが取り除かれたことを、孝明天皇の霊にいの一番に報ずるための旅であったと考えられる。なぜなら、孝明天皇こそ、幕末期の徳川慶喜の行動を、時に紆余曲折はあったものの、支えてくれた最大の恩人だったからである。そしてなにより、徳川慶喜が朝敵などに該当しない尊王精神にあふれた男であることを、よく理解してくれていた人物であった（この時、慶喜の旅に随行した供の者の追懐によると、慶喜は孝明天皇陵の近くに来ると、「ここからはだれも来るな」と彼らを押しとどめ、ひとり長い時間、陵の前で身じろぎもせず頭をたれていたという。『徳川慶喜家の子ども部屋』六〇～六一頁)。

いずれにせよ慶喜は、この京都への旅で心の整理がついたのであろう、翌明治三六年からは、それまで辞退していた孝明天皇の「御例祭」(一月三〇日)に大礼服を着用して参加し、賢所に参拝するようになる。また、明治三八年(一九〇五)の六月には、やはりこれまで固く辞退していた徳川家の「御譜代会」(譜代大名の集まり)への出席を承諾する(六月二日の条)。

2　自分史の完成に協力

「世間には知れぬ」ことを約束させる

この過去との訣別が、彼にいまひとつ別の行動をとらせる。それは自らも重要な役割を担った幕末維新期の歴史評価を確定する作業への参加であった。「家扶日記」を見ると、そのような作業への参加は、どうやら授爵後、数カ月を経過した明治三五年の下四半期ぐらいからはじまったようである。

なぜなら、「家扶日記」の明治三六年の一月一五日条に、「水戸藩史料下巻五冊、御検閲済の分ならびに御親族書、これを返す、木原（旧幕臣で一等家従の木原䂖）持参す」とあるからである。これによると明治三五年の下半期あたりから、慶喜は、自らの出身母体であり、父徳川斉昭が藩主を務めた水戸藩に関する史料（「水戸藩史料」や「御親族書」）の提示を受け、これを閲覧して、もし事実関係に誤りがあれば、それを指摘するような作業に従事しだしたらしい。しかもそれは、単に史料を見るといったものではなく、「御検閲」と記されていたように、自らの過去を直視し、歴史評価を確定する作業に主体的に係わろうとするものであった。そして、このような検閲作業は、「家扶日記」を見るかぎり、すくなくとも翌明治三六年の八月、九月頃までつづけられた（『水戸藩史料』全五冊が吉川弘文館から出版されるのは、大正四年〔一九一五〕のことである）。

こうした姿勢が、慶喜の汚名を雪《そそ》ぐ（冤罪をはらす）ために、正確な史実にもとづく彼の伝記を作ろうとした渋沢栄一の編纂事業への積極的な協力となった。渋沢の後年の回想によると、もともと渋沢が慶喜の伝記を作ろうと思い立ったのは、「明治二六年の夏秋の頃」であったという。ところが、このことを平岡準蔵（旧幕臣で、慶喜家の家政のことに尽力していた）を介して慶喜に申してでると、彼はつれない返辞をしたらしい。つまり慶喜は、自分の過去が「世間に知れるのが好ましくない」と平岡に語ったという。そこで渋沢が平岡と相談のうえ、「必ず世間には知れぬ」ことを約束し、かつ慶喜から出された「世間に公にするのは、（慶喜の）死後相当の時期において」という条件を受け容れることで、ようやく慶喜の許可がおりたらしい（『渋沢栄一全集』第六巻、一〇〜一二頁）。

往時が夢のごとし

この当初の編纂事業は、『幕府衰亡論』や『幕末政治家』などの歴史書で知られる福地源一郎が中心となったが、その福地が明治三九年一月四日に死去したため、改めて新方針のもと専門の歴史家に委嘱してやることになる。それは、明治四〇年（一九〇七）六月のことであった。そして慶喜は、この第二次編纂事業に積極的に協力したのである。

彼は、伝記を作るために集められた編纂員（東京帝国大学や国学院出のプロの歴史家たち、および旧桑名藩士の江間政発《せいはつ》らが中心となった）の質問に答えるために設《もう》けられた会合（慶喜自身が「往時が夢のごとし」という意味で昔夢会と名付けた）に、明治四〇年以降毎回必ず出席し、彼らの疑問点に直接口答か、もしくは書面で応じた。また編纂事務員の荻野由之や井野辺茂雄らが疑問点を問い質《ただ》すために訪ねて来ると、逢って直接これに応えた（「家扶日記」明治四三年六月一二日、七月一六日、八月八日、明治四四年六月二九日の条他）。

なお、荻野や井野辺らは、さすがに歴史の専門家だけあって、慶喜の立場に配慮しながらも、時に彼を問い詰めている。これは、彼らが正確な史実を知り確定したいという熱情に駆られていたためであった。彼らは、慶喜の発言内容を裏付けるために、まだ生存していた関係者からの聞き取りをはじめ、広く各種史料を漁《あさ》った。そして、慶喜の発言に矛盾や間違いがあれば、それを問い質したのである。こうした経緯を経て、のち編纂員の執筆になる素稿が提出されると、渋沢自身が『徳川慶喜公伝』の自序に次のように記したように、慶喜は丁寧に眼を通した（『渋沢栄一全集』第六巻、一七頁）。

一章脱稿するごとに、先ず私（＝渋沢）が、つぶさに一覧した後を、公（＝慶喜）の御許《おんもと》へ呈して御覧に入れると、喜んで丁寧に御目を通され、時には御自筆で附箋《ふせん》をなされ、これは斯うであるけれども、斯うではなかったと、修正意見を御記しになり、事の複雑な所は編纂員を召して、細かに当時の事情を語り聞かせられ、これがために幾度も稿本を訂正した所が多いのである。（後略）

そして、結果的に初稿本のみであったが、慶喜は『徳川慶喜公伝』の静岡移住の章まで、すべて自身で眼を通すことになった（『渋沢栄一全集』第六巻、一八頁）。すなわち、慶喜は、自身が日本史上で最も重要な役割を担った時期については、自分でチェックしたということになる（第二稿については三分の一ほど眼を通して死去する）。

老いの進行

ところで、慶喜のその自伝との係わり方であったが、これは歳月の経過とともに、むしろますます熱心に取り組むようになったと評してよかろう。このことは、いま挙げた素稿が提出されてから、極めて短時日の間に、彼がその原稿に眼を通したことでも容易にわかる。また、慶喜家に残されている蔵書の中で、出版年からいって慶喜が読んだ可能性がある書物には、幕臣関係のものにとどまらず、かつての宿敵であった大久保利通や島津久光、三条実美などに関するものも含まれている（五三頁の表1参照のこと）。もし慶喜が自ら進んでこうした書物を購入したとしたら、それは自伝をより正確なものにしようとする彼の熱意によったといえよう。そして、このような熱心さの背後には、彼の老齢化の進行が大いに関係したものと想像される。

明治三十年代の慶喜に老いの進行が見られたことは当然であるが、四十年代に入ると、それがよりハッキリとしてくる。彼も杜甫が「人生七十、古来稀なり」と歌った七十歳をすぎ、いよいよ最晩年を迎えたからである。「家扶日記」を見ると、明治三十年代には、まだ辛うじて息子たちと汽車に乗って豊田方面（＝現在の日野市）へ出猟したといった記述があるが（明治三七年一一月一三日の条）、さすがに明治四〇年代の慶喜に関しては、銃猟などの記事は姿を消す。それに代わって、弓や室内で楽しめる謡曲・能楽・囲碁等の占めるウエイトが一段と高くなる。なかでも、重要な位置を占めるようになったのは、星ヶ丘茶寮（三野村利助《みのむらりすけ》や小野善右衛門といった財界人が、茶の湯や日本料理を楽しむために、永田町日枝神社境内に設置した）で催される華族の囲碁同好会や謡同好会への出席であった。だが、その一方で慶喜の老いは確実に進んでいた。

たとえば、明治四一年（一九〇八）の二月から三月にかけては、一連の公式行事、もしくはそれに準じる行事に欠席せざるをえなくなる。すなわち、二月には、貴族院・衆議院両院の合同で開かれた憲法発布二十年紀念会に、公爵の伊藤博文から招待されたにもかかわらず欠席する。また三月一六日に宮内省から東宮御所の拝観許可の電話連絡を受けながら、やはり欠席を余儀なくされる。

ついで同月二〇日と二四日には、春季皇霊祭と貴族院議長徳川家達（彼は明治三六年、近衛篤麿《あつまろ》のあとを承けて第四代議長に就任していた）への議員有志者による「答礼宴会」を、それぞれ欠席することを決める。これらは、いずれも重要な行事・催しでありながら、慶喜は参加できなくなったのである（なお慶喜は、この直後の明治四一年四月三〇日に、徳川家達の斡旋等もあって、勲一等旭日大綬章を授けられた）。

同様のことは、明治四三年（一九一〇）に入ると、ごく個人的な間柄にまで及んだ。同年の一月七日に参内した慶喜は、寒中につき東宮御所を訪れることを断る。そして、この一週間後の一月一四日に渋沢が来邸した際には会わず、息子の久が対応した。ついで、一月三〇日の孝明天皇の「御例祭」も前年につづいて欠席する。慶喜はメッキリと弱りだしたのである。

もっとも、慶喜の面目躍如というべきか、いくら老化が進んだとはいえ、こと目新しいものが登場した時は話は別であった。明治四二年の一月一五日、慶喜は、文明が産んだ新しい暖房器具であるガス・ストーブを見るために、ガス会社をわざわざ訪問したのである。

伝記の完成を急ぐ

このように、慶喜は明治四十年代に入って、誰の目にもわかるような形で老衰ぶりをさらけ出すようになったが、一方では、先ほどもふれたように、自身の伝記の完成に熱意を燃やしていたのである。ほんの一例を挙げると、「家扶日記」には、明治四五年（一九一二）六月八日、渋沢の編纂事務所から伝記（『徳川慶喜公伝』）の第五編四・五章を受け取った慶喜が、わずか二日後の一〇日にそれを返却したとの記述が見られる。慶喜は、七十代半ばの老齢にあって、全精力を注《そそ》いで自分史の完成に立ち向かったのである。

また、ことのついでに記すと、徳川慶喜は、おのれの伝記を完成させることにのみ情熱を傾けたわけではなかった。彼は、広い意味で、幕末史の再評価をしようとする試みに協力を惜しまなかったのである。たとえば、ほぼ同時期、大隈重信から『開国五十年史』の出版に向けて協力を求められる。「家扶日記」によると、大隈の代理の者が、同書の出版につき、これに掲載する慶喜の写真を受け取りに来た（慶喜は事前に了承していた）のは、明治三七年八月五日のことであった。つづいて、巌本善治《よしはる》を通して、大隈から慶喜に会いたいとの要望が伝えられ、慶喜がこれを承諾するのは、翌明治三八年三月すえのことであった（三月二九日の条）。そして、これを受けて、大隈重信が同年の四月六日に慶喜邸にやって来る。

『開国五十年史』（明治四〇年一二月発行）は、近代天皇制国家が、外交面・憲法面・財政面・陸海軍面・政党面・交通通信面・教育面等各方面で、いかに大発展を遂げたかを、当時のエリートたちに分担執筆させた書物であった。慶喜はこの『開国五十年史』のために、大隈に自らの体験を語り、それが「徳川慶喜公回顧録」として上巻に収められた。そして、この書物の「校閲」にも参加する。またその一方で、東京帝国大学史料編纂掛や史談会から問い合わせがあると、それにも答えた。

なぜ慶喜は協力したのか

では慶喜がこのように、授爵後、幕末維新期の歴史評価を確定する作業に積極的に協力するようになった理由はいったい何であったか。これにはいくつかの候補が考えられる。まずその一は、いうまでもなく、彼が自分に残された時間が少なくなったと自覚したことである。それに、息子の久が成人して、ようやく家のことをまかせられるようになったことも要因としては大きい。つまり、慶喜に過去と向き合う時間的な余裕が生じた。

だが、これらの理由に加えて、より大きな意味をもったのは、明治二十年代以後、彼に対する評価が徐々に高まってきたことであろう。すなわち、明治二十年代から三十年代にかけて、それまでとかく不安定であった近代天皇制国家は、日清・日露の両戦役に勝って、その支配を磐石なものとするに至った。その反面、薩長両藩出身者が推進してきた藩閥政治にも翳《かげ》りが見えだす。また、戊辰戦争から数十年の歳月を経て、幕末期がすでに遠い過去のものとなりつつあった。これらのことは、幕末史に対して、冷静な評価をくだすことを可能とさせた。そうしたなか、慶喜を政権返上（大政奉還）を決断したことで日本を内乱の危機から救い、近代天皇制創設への途を切り開いた恩人だと見る評価が出て、支持者を増やしていく。

慶喜は、こうした流れを肌で感じ取り、それに身をまかせようとしたのであろう。また実際のところ、慶喜の許には、幕末史を連載などの形で取りあげるにあたって、彼の写真を拝借したいといった新聞各紙の申し入れが、明治三〇年代から四〇年代にかけて盛んになされ、慶喜家でもそれに応じる。とともに、慶喜は歴史上の有名人物として、日本人のみならず、外国人からも人気を集めるようになる。

前者からいえば、博覧会等の各種の催しへの参加を求められたり、入学式・卒業式等への列席を依頼されたりするようになる。そして、博覧会のような新しいもの好きの慶喜の志向に合致するものには応じる。また、慶喜の書を多くの人物がつてを頼って求めてくる。そしてそれは、民間人にとどまらず、野村靖や尾崎三良《さぶろう》ら政府関係者にまで及んだ（野村や尾崎の希望には応じたが、何故か明治四二年の三月に揮毫を求めてきた徳富蘇峰に対しては断っている。「家扶日記」三月五日と一五日の条）。

一方、後者に関しては、アメリカ・イギリス・オランダ・ドイツ・メキシコ・ブラジル等の各国公使らが接触を試みてくる。その多くは、徳川慶喜の写真を欲しいといった類の要望であり、慶喜（家）も、前代とは違って、これに応じていく。が、なかには厚かましくも来邸し、慶喜に面会を求める公使も出てくる。さすがに慶喜は、こうした需《もと》めには応じなかったが、それでも明治四〇年（一九〇七）の一〇月八日には、根負けして慶喜がアメリカ大使館（大使の仮旅館）に赴くというハプニングも生じる。

こうした国の内外を問わない、自分へ向けられた熱いアプローチの有した意味を、慶喜が理解できなかったはずはない。また、これがなによりも重要なことかと思われるが、慶喜自身の中に、幕末の大激動期に自分のとった行動に対するそれなりの自負の念が、彷彿として蘇《よみがえ》ってきたのではなかろうか。

徳川幕藩体制の崩壊から近代天皇制国家の誕生に向けて、国家体制をドラスチックに、しかしスムーズに移行しえた（つまり「御一新」ができた）のは、そもそもは自分の決断（政権返上をおこない、その後の王政復古クーデターをあえて黙認した）にもとづくのだとの思いである。それが、このような歴史編纂事業への、積極的な協力となったものと想像される。

3 近代天皇制国家に包摂される

怨念を超えて

授爵後の慶喜の動向を見ていて、いま一つ目に付くのは、旧薩長両藩関係者から、慶喜への接触を求める動きが出てくることである。たとえば、明治三九年（一九〇六）に入ると、正月四日、故西郷隆盛遺児（長男）の西郷寅太郎から、年賀の「御名刺」（名刺の姓名の上に奉賀新年と印刷したもの。今日の年賀状に相当する）が「到来」する。そして、これに対し、慶喜サイドも郵送で「名刺」を送付する（そして翌年以降、これが繰り返される）。

また、この年の六月二六日には、元豊浦藩知事の毛利元敏（父は長府藩主毛利元周《もとちか》）が、紅葉館（明治一四年に、華族中の有志が、西洋のクラブを模して、娯楽共遊の場として芝公園内に作った純日本風の建物）での集まりの帰りに挨拶に訪れる（「家扶日記」六月二七日の条）。これは、元敏の息子である毛利元雄の結婚式（新婦は徳川昭武の娘政子）に慶喜を招待したところ、「鶏卵一折」が慶喜家から送られてきたことに対する、謝礼の挨拶を兼ねての訪問であったと思われる。そして、明治四二年（一九〇九）の三月には、毛利元雄夫妻から周遊会に招待され、慶喜は出かけている（三月二一日と同二七日の条）。

そして、この間興味深いのは、明治四〇年の一〇月七日に、長州閥の総帥であった山県有朋が慶喜邸を訪問したことである。山県の来邸は、彼が新たに公爵を授けられた（つまり慶喜の仲間に入った）挨拶のためであった。ところが、「家扶日記」には、慶喜が山県と会ったとは記されていない。この日の慶喜は、「天機御伺」のため午後一時に家を出て皇居に向かい、帰途東宮御所へ参入している。したがって、入れ違いになった可能性はむろんある。が、もし、慶喜が在宅時に、わざわざ山県が出向いたにもかかわらず、彼との面会を拒絶したとすれば（それは十二分に考えられることである）、大変興味深いことではある。なにやら山県に対する慶喜の嫌悪感らしきものが滲み出ているような気がするからである（なお、ついでに記すと、慶喜と親しい関係にあった皇太子は山県をひどく嫌い、これは大正天皇となったあと、さらに憎悪に近いものとなったらしい。山県が、なにかにつけ明治天皇を模範的君主として祭り上げ、彼に苦言を呈したからであ

る。『大正天皇』一八四・二一七〜二二一頁)。

これに対し、山県の終生のライバルであった伊藤博文に見せた慶喜の対応には、まだ温かみが感じられる。慶喜は、伊藤が明治四二年の一〇月下旬にハルビンの駅頭で朝鮮の民族運動家によって暗殺され、その遺骸が同年の一一月一日に新橋駅に到着した際には、同所に出迎えた。そして翌日、「御棺拝」のため、霊南坂にあった官邸に出向き、同四日の葬儀にも参列した。

もちろん状況が状況なだけに、うかつな比較はできないが、それにしても山県にくらべて伊藤に対しては、慶喜の深い哀悼の意が感じられてならない。そしてこれは、執拗に政党を嫌い、官僚主導型の体制の樹立をはかった山県よりも、憲法を制定し、立憲政治の確立に努めた伊藤への慶喜の長年の共感によるものだったのだろうか。あるいは、それともごく単純に、自分と同様に欧風好みだった伊藤に対し、親しみを覚えての結果であろうか(なお、これもついでに記すと、慶喜は、最晩年、有栖川宮邸で開催された饗宴の後に、伊藤から語りかけられ、しばし話をしたことがある。そして、その翌日か翌々日に、伊藤は渋沢に対し、慶喜のことを「悧巧な御人だ、実に感心した」「成程えらい御方」だと言って、「ひどくお褒めなされた」という。『渋沢栄一全集』第六巻、二六五〜二七二頁)。

山県・伊藤両人に対する慶喜の好悪の問題はさておき、西郷寅太郎や毛利元敏らにまつわる動きは、いずれも慶喜側から出たものではなかったが、明治も四十年近くを経過するなか、かつての怨念は、どんどん薄れていかざるをえなかったのである。

国家行事等への参加

他方、授爵後の慶喜は、当然といえば当然のことであるが、政府最高指導者との公然たる折衝が始まる。かつ政府の要請を受けて、国家行事等への参加を余儀なくされていく。それは、明治国家から公爵を授けられた以上、避けがたい運命であった。

政府関係者との接触は、明治三五年六月三日の授爵当日からさっそく始まる。この日、御礼のため、慶喜は関係者への廻勤をおこなったが、その中には総理大臣や宮内大臣、それに侍従長が含まれていた。そして以後、年末年始は、必ず彼らのもとへの廻勤を欠かさなかった。

また、日露戦争が開始されると、慶喜は爵位局長からの指示によって、護国神社へ参拝し（「家扶日記」明治三八年五月四日の条）、華族会館で開催される祝勝会などへ出席する（同三八年六月二日と六日の条）。ついで日露戦争後には、華族出身の戦死者を追悼する祭典や、陸軍将兵の「凱旋祝賀会」に、老体に鞭打って出席する。あるいは、忠魂碑の建設に賛成を求められ、それに同意するようになる（同三九年六月二八日の条）。

そして、続いて、明治四〇年の一月一一日と五月三日にそれぞれ行われた「英照皇太后御式年祭」と「靖国神社臨時大祭」には、宮内大臣から依頼されて、麝香間祗候物代として参列する。また天皇の送迎にも、やはり麝香間祗候物代として行く。こうして晩年の慶喜は、完全に近代天皇制国家に包摂されるに至ったのである。

エピローグ――家範の制定と慶喜の死

大逆事件

いよいよ慶喜の七十七年におよんだ人生の最終段階に話は移る。明治四十年代に入って以降の慶喜に関して興味をひかれるのは、彼が大逆事件に大いなる関心を示したとの証言である。小日向邸で最晩年の慶喜に仕えた小島いとの追想によると、幸徳秋水らの無政府主義者が、明治天皇の暗殺をはかったとして検挙された事件に、慶喜は並々ならぬ関心を示したという。大逆事件の事実上の主謀者であった宮下太吉《みやしたたきち》らが逮捕されたのは明治四三年（一九一〇）五月のことであった。そして、新聞記事によると、幸徳秋水が湯河原で突然逮捕されたのは同年の六月一日であった。そして、翌明治四四年の一月に、秋水以下多くの社会主義者に死刑の判決が下る。この事件に慶喜は尋常ではない関心を示したというのである。このことは、むろん、「家扶日記」には、その痕跡が露ほども残されていないが、小島いとの追想には、なまなましくその時の慶喜の様子が語られている。

当時、まだ十代のうら若き乙女であった彼女の眼には、「御前（＝慶喜）の事件に対する熱心さといったら執念にも似て」いたと映った。そして、慶喜は、事件のことを報じた「新聞という新聞すべてを表の方《かた》に購入させて、それこそ隅から隅まで」読んだらしい。さらにそのうえ、老眼で読むのがつらかったのか、小島いとに新聞を渡して、彼女が大声で読み上げるのを、「ひとこともお口を入れず、黙ったまんま最後まで」聴いたともいう。そして、こうした日々の前後に、まだ存命であった二人の老齢の女性（長年にわたって慶喜家の奥向きの家政全般を取り仕切ってきた一色須賀と側室の幸）を呼んで、「これからの世の中は、どう変るか判らぬ。ここに（大逆）事件（のこと）を掲載した新聞があるから」と告げ、いとに彼女らのために毎朝事件に係わる箇所を読み聞かせるようにと命じたという（『女聞き書き　徳川慶喜残照』一八四～一八五頁）。

また慶喜は、これも日時はいつかハッキリとしないが、事件がさわがれていた頃のことであろう、東京帝国大学法科を卒業してまだ二年ほどしか経っていない息子の久から社会主義について説明を受けることもあったらしい。そしていち早く、貴族階級の没落も予想したと伝えられている（『晩年の徳川慶喜――将軍東京へ帰る』一九四頁）。

なお、ことのついでに書き足すと、『平民新聞』を発行した頃の幸徳秋水の幕末観は、慶喜の政権返上（大政奉還）を褒め称えるものであったという（飛鳥井雅道『日本近代精神史の研究』二六五頁）。慶喜が『平民新聞』まで読んだとは、ましてや自分のことを称賛した箇所を読んだとは思えないが、もし万が一（百分の一ほどの可能性か）でもそういうことがあったとしたら、大変興味深いことではある。それはそれとして、私が大逆事件のことを報じた当時の新聞記事をいくつか読んで感じたのは、極悪非道といった調子で幸徳らを批判弾劾する新聞は多くはなかったということである。もちろん、これは私の読んだ範囲内のことであって、彼らを擁護する新聞記事もほとんどなかったとは思う。が、概して私の印象では、幸徳らの獄中生活をできるだけ正確に伝えようと努めた記事が多かった。そのため、死刑の判決を受けて刑が執行されるまでの幸徳秋水や管野すがらの動向を伝える記事の中には、むしろ彼らに対して記者の好意さえ感じられるものがあった。死に際しての彼らの潔さが記されているものがあったからである。

慶喜は、こうした記事をも含む新聞を多数読み（もしくは読ませて）、将来の日本の行く末をも予想し、それを近親者には洩らしたのである。このようなことは、明治期の慶喜には絶えてなかったことであった。そしてそれは、近代天皇制の前途にとって明るい予測ではなかった。

もっとも当時、磐石《ばんじやく》そのものと多くの人々に受け止められていた近代天皇制国家の崩壊の可能性を、一番実感をもって想定しえたのは、皮肉にも同国家に完全に包摂されるに至っていた慶喜であったかもしれない。なぜなら、彼こそ絶対に倒壊するはずがないと思われていた徳川家による支配体制が終焉するのを、肌身でもって体感した人物だったからである。そして慶喜の予感は、案外早く適中し、大逆事件から三十数年後に日本の敗戦という形で現実のものとなる。

家範発布式

その一方で、この明治四十年代に入ると、さすがに慶喜も自身の死がそう先のことではないと自覚したのであろう、それに備えた行動に着手する。慶喜のことを間近で見ていた渋沢栄一の証言によると、慶喜は亡くなる「三年ばかり前から、大分お弱りになっておられた」（『渋沢栄一伝記資料』第五七巻、四〇六頁）。そうしたこともあってか、慶喜はおのれの隠居を決意し、それに付随して慶喜家の関係者が守るべき家範を制定しようとはかる。

明治二七年の六月三〇日に公布された華族令の追加令第十一条によって、華族には相続や家政上必要があれば、家範を制定することができるとされたが、慶喜はこれまでは、特にその必要を認めなかったのであろう。ところが、跡取りの久が明治四一年一一月八日に有栖川宮威仁親王の娘であった実枝子と結婚すると、もうそろそろという気持ちにどうやらなったらしい。それと、これには、すでに宗家の別家華族として一家を構えていた厚の問題も関係したと思われる。すなわち、厚は明治四一年の冬頃から柳橋の芸者に入れあげ、待合開業の資本や芸者宅の増築費用等に大金を支出し、債鬼（借金取り）

に責められるようになっていた。つまり、久が厚の轍を踏まないとも限らず、こうした面でも家範の制定が急がれた可能性はある。

家範を制定するにあたっては、渋沢栄一に、慶喜家の顧問員兼会計監督を委嘱し、同人の承諾が得られた。そして、渋沢の日記に、「(午前)九時穂積陳重《ほづみのぶしげ》(もと東京帝国大学教授で、法学者。渋沢栄一の娘婿でもあった)来り、徳川公爵家家範の事を談ず」と記されるのは、明治四三年一一月七日のことであった(『渋沢栄一伝記資料』第五七巻、三九四頁)。ついで、同月(一一月)二四日の「家扶日記」に、「御家範」が「調製」され、「御宗族親族御連署の御書面」を宮内大臣に提出するために、慶喜が参内したと書かれる。そして、このあと、これが認可(勅許)され、同年の一二月四日に、「御家範発布式」が挙行される。

相談人もしくは顧問として当日臨席したのは、徳川家達・蜂須賀茂韶・林董《ただす》・山内長人《おさひと》の四名であった。林は旧幕臣で、かつて榎本武揚らとともに箱館五稜郭に立て籠った過去をもつ人物であった。そして、福沢諭吉と姻戚関係を結び、「海舟とのつながりが深い旧幕臣グループとは、いささか系譜を異にする」(松浦玲『明治の海舟とアジア』一五五頁)男でもあった。さらに、順天堂の創始者であった佐藤泰然の五男で、かつ駐英大使や外務大臣などを務め、海外の事情にもくわしかった。また林は、忙しい官務のかたわら、イギリスやアメリカの自由主義思想家に関する著述をいくつか翻訳出版していた。ベンサムの『刑法論綱』やリーバーの『自治論』などがそれに当たる(由井正臣校注『後《のち》は昔の記他(林董回顧録)』三九四〜三九五頁)。明治期全般にまたがって、多くの翻訳書を読んでいたらしい慶喜が、これらの書物を通して林に親しみを覚え、彼に顧問を依頼した可能性もある。また、山内長人は当時男爵で陸軍中将であったが、彼に顧問が依頼された理由は私にはわからない。

それはおき、当日、公爵徳川慶喜家の相続者となった久とその妻実枝子以下、家令・家従・女性奉公人等に対し、直接慶喜の口から「大体の御趣旨」が告げられ、家範そのものは家令によって代読される。つづいて一二月八日、慶喜は、宮内大臣に提出していた自身の隠居願いが許可されたのを受けて参内する。

公的人生の終了

慶喜は、これ以上ない形で、自らの人生に幕をおろしたのである。それは、幸せこの上ない(何も思い残すものはないという点で)引退のセレモニーでもあった。そして、この辺が江戸人の見事さであったが、隠居後の慶喜は、すっぱりと主役の座を新しい家督相続者である慶久《よしひさ》(公爵家を襲爵し、久から慶久に改名した)に譲り、自らは後方に退いたのである。

このことがよくわかるのは、慶喜の参内があった翌日の一二月九日、渋沢が訪ねて来たにもかかわらず、彼は渋沢と会おうとはせず、慶久と家令の豊崎信の両名が渋沢に面会した。そして、この日慶喜は、電話で、昨日、自身の隠居が聞き届けられたことを旧御三家当主や身内らに通報する。これで、彼の公的人生は終わりを告げたのである。

そして、翌明治四四年（一九一一）の一月二日午後より慶喜は、年頭の挨拶に訪れた二人の息子（厚と博）と自転車で運動に出る。将軍時はもちろんのこと、長年朝敵の縛束に苦しめられてきた慶喜が、最晩年に幸せの絶頂に達したことを物語る、日常的ではあるが、いい光景が東京の町中に見られたのである。それは、かつて絶大な権力を握ったあと没落した数多の支配者には、まず考えられない平和で安穏な生活ぶりを伝える点描的な光景となった。そして、他ならぬ慶喜自身にも、こうした日が自分に訪れてこようとはとうてい予想しえなかったであろう。

ところで、先ほど挙げた家憲であったが、これはまず冒頭部分に、皇室に対する感謝の念を持つことと、華族としての本分を尽くすことが記された。そして、このあと、慶喜の曾孫にあたる徳川慶朝氏によれば、「ひどくこまごました内容」のものが書かれているという。すなわち、「お金の運用の仕方は、何分の一かは手をつけずにして残しておけ」とか、「子孫は自分の墓地に入るように」とか、「女の子が生まれたらどうしろとか、出戻ったときにはこうしろといった、家庭内におけるあらゆる事態を想定したもの」であったらしい（『徳川慶喜家にようこそ』五〇頁）。

ここには、いよいよ最晩年を迎え、死期を強く意識するようになった慶喜が、子孫のために精魂をこめて人生のアドバイスを遺言として残そうとしたことが如実にうかがえる。そして、人生を積み重ねてきただけに、ひどく細やかな所まで気になるようになっていたのであろう。そういう点では彼もごく普通の老人となっていたのである。

天皇の死がおよぼした衝撃

もっとも、この間、明治四三年（一九一〇）の七月三日には、慶喜が最も親しくしていた弟の昭武が死去する。したがって、慶喜の「家範」制定と隠居決意も自分よりはるかに若かったこの弟の死が大きく影響したかもしれない。そして、やがて慶喜に強い衝撃を与えることになる人物の死が到来する。明治天皇の崩御であった。

持病の糖尿病に加え、慢性の腎臓病を患《わずら》っていた天皇が、夕食の席について間もなく、突然倒れ意識を失ったのは、明治四五年七月一九日のことであった。そのため、翌二〇日の午前と午後の二回にわたり、宮内省から『官報』を通して、天皇の病状が国民に公表される。そして、これを受けて、新聞各紙が、天皇の容体（体温や脈拍数・呼吸数など）を詳しく報道することになる（『大正天皇』一八〇～一八一頁）。

「家扶日記」に天皇死去のことが記されるのは、七月三〇日の条においてであった。この日午前零時に、参内中の徳川圀順《くにゆき》（水戸徳川家当主。慶喜の実兄であった慶篤《よしあつ》の孫）

から電話で天皇が危篤状態にあることを知らされた慶喜は、そのわずか四三分後に天皇がついに崩御したとの新たな情報を得る。じつは天皇は、これより前の七月二九日の午後一〇時四三分に、数えの六十一歳（満年齢で五十九歳）で死去していたが、改元や践《せん》祚《そ》（皇太子の天皇即位）との関係でそれが延ばされ、翌七月三〇日未明の午前零時四三分が「崩御」の時刻とされたのである。

慶喜が、この天皇死去の報をどのように受けとめたのかは明らかにしえない。ただ彼が天皇重体の報道にかなりのショックを受けたであろうことは容易に想像がつく。「家扶日記」には、慶喜が七月上旬頃から体調を崩していたことが記されている。そのため、主治医の高山が診療のため出頭していた。それが、天皇重体の報道のあった後の七月二二日と二九日には朝夕二回の出頭となっている。そして、天皇崩御が伝えられた翌日の七月三一日にも、高山が朝夕二回出頭し、以後も連日のように慶喜の治療にあたることになった。慶喜の症状は相当ひどかったのであろう、八月五日に、慶喜の「御不例」（貴人の病気を指す言葉）を聞きつけた渋沢栄一らが、慌ててやってくるほどであった。

ここから判明するのは、元々体調のすぐれなかった慶喜が、天皇の重体↓死去の報に強いショックを受け、体調をより悪化させただろうことである。そしてこれには、自分より若い明治天皇が、不死の存在だとまでは言わないまでも、まさか自分より先に亡くなるとは予想していなかったことが大きくかかわったのだろう。天皇の病気は内臓関係のものであり、それまで表面的には健康そのものだっただけに、なおさらのことであった。

天皇は、明治四五年に入っても過酷な公務をあい変わらずこなしていた。それだけに、突然の出来事だと慶喜に受けとめられた可能性は大いにある。が、いずれにせよ、慶喜は病床から立つことができなかった。

それゆえ、同月一三日に行われた、殯宮《ひんきゅう》（天皇の棺を葬送時まで安置する御殿）への「玉体移御」等のための参内を、慶喜はなしえなかった。いや、それどころか、八月二七日に実施された天皇に天皇号を贈る「追号奉告の儀」にも参加できなかった。天皇の死から一ヵ月近くが経過した段階に至っても、慶喜の体調はすぐれなかったのである。すなわち、随分長い間にわたって、天皇の死去にともなうショックが尾を引いたと考えられる。

そして、ようやくのことで、「天機御伺、殯宮御拝」のために、皇太子と皇后それに皇太后の許を訪れることができたのは、九月六日のことであった。しかし、これも体調が完全に元に戻ったからではなく、これ以上引き延ばせないとのギリギリの判断の結果であった。なぜなら、このあと九月一三日に行われた天皇の遺骸を殯宮から京都郊外の伏見桃山陵に送る奉送の儀式に、慶喜は「所労」が原因で参列しえなかったからである。

こうして、慶喜はとうとう大喪に係わる一連の儀式にはまったく参加できなかった。

それほど明治天皇の死は、慶喜に大きな衝撃を与えた（と思われる）。

老優の退場

徳川慶喜が肺炎のため黄泉の国へ旅立ったのは、明治天皇の死から遅れること一年四カ月弱の大正二年（一九一三）一一月二二日午前四時過ぎのことであった。慶喜を死に導いた直接の原因は、この月（一一月）の五日に、九男の誠（それまで慶喜の息子の中でただ一人無爵であった）に男爵の爵位が授けられ、彼が翌六日お礼のために、風邪を押して宮中に伺候し、各宮家等を廻礼したことによった。つまり風邪をこじらせ、最悪の結果を招いたのである。そして、臨終の前夜には、慶久と家令の豊崎信を枕許に呼び、「今度の病気はとても回復の見込がない、私は死ぬる、決して慌て（て）はならぬぞ」と遺言して、翌日の午前四時過ぎに息を引き取る（『渋沢栄一伝記資料』第五七巻、三九六頁以下）。

もっとも、葬儀委員長は渋沢にスンナリと決まったが、葬儀を行う場所に関しては大いに揉《も》めることになった。慶喜家が慶喜の強い意志をくんで、葬儀を神道の儀式をもって行うことを徳川家の菩提寺だった寛永寺に通告したからである。そのため寛永寺の関係者が反発し、ようやく同寺裏手の空地（いちおう寛永寺の寺域内）に斎場を設置することで折り合いがつき、葬儀が神式によって執行された。そして慶喜は、このあと新たに購入した谷中の墓地に埋葬された。

ところで、「家扶日記」は大正元年のすえで終わっているので、慶喜が死去する一年ほど前のことは、私には描けない。ただ同日記の終わり頃の日々の条々から判明するのは、夫の明治天皇を喪って間のない皇太后（美子）の還啓を、慶久と共に迎えるために新橋駅へと向かった慶喜の姿である（大正元年一〇月一七日の条）。また、これは、なんとも微笑ましいかぎりであるが、大正元年の終盤に自動車を手に入れた慶喜が、息子（慶久）とふたり、自動車に夢中になっている姿である。

自動車に夢中の晩年

慶喜家の自動車は、有栖川宮威仁親王がヨーロッパ旅行をした土産として慶喜に贈った（車種はダイムラー）とされる（『徳川慶喜家にようこそ』一九九頁）。

ただ威仁親王が自動車を購入したのは随分と早く、「家扶日記」の明治三八年一〇月一三日の条に、慶喜が親王邸へ「自働車（自動車ではない――家近）御覧」のためにうかがったとある。中岡哲郎氏によると、「日本の自動車時代の幕明け」は、明治三六年（一九〇三）の三月一日から七月三一日まで、大阪の天王寺（現在の天王寺公園一帯）で開催された第五回内国勧業博覧会だという。この時、四三五万人（一説には五百三万人余）もの入場者を集めた博覧会の看板となった文明のシンボルが電気と自動車であった。

会場には蒸気自動車六台、電気自動車とガソリン自動車がそれぞれ一台出品され、運転の実演もなされた（『自動車が走った』一六頁）。

そして、これに刺激を受けて、東京自動車製作所という日本で最初の自動車製造・販売会社が作られ、内山駒之助の設計によるタクリー号と称された国産車が明治四〇年（一九〇七）に完成する。そして、そのタクリー号の第一号車が納入されたのが、有栖川宮家であった（もっとも、東京自動車製作所は、その後力尽きて明治四二年に再び元の輸入・販売会社に逆戻りする。『自動車が走った』二六〜二七頁）。

したがって、慶喜が明治三八年に威仁親王邸で見た車も、大正元年に手に入れた車も、ともに国産車ではなく外国車であった（明治三八年に慶喜が見たのは、親王がフランスから持ち帰ったダラック号であった。『徳川昭武——万博殿様一代記』二六五〜二六六頁）。そして、親王邸で見て以来、おそらく慶喜の心中に、自家用自動車保有に対する強烈な欲求が生じたであろうことは容易に察しがつく。だが、それほど豊かな公爵家ではなかったと思われる慶喜家では手が出せなかったのであろう。それが、ようやくにして、大正元年に自分のものとなったのである。それだけに慶喜の喜びは大きく、夢中になれたともいえよう（なお、『明治事物起原』によると、明治四四年一〇月の時点で、東京で個人の資格で自動車を所有する者はわずか百五十余人にすぎなかった。それゆえ、慶喜〔家〕が新しい文明の乗り物を手に入れた順番は、やはり例によって著しく早い部類に属したのである)。

それはおき、大正元年の一一月一六日に「自家乗用自動車」の「使用届および自動車運転士免許証下附願」を警察署に提出した慶喜は、認可されると、すぐに息子の慶久と二人で翌々日の一一月一八日自動車に同乗して、田安邸と千駄ヶ谷の家達邸に喪中の挨拶に訪れている。そして、同月二一日に今度は警視庁に「自動車の件で出頭」したあと、二三日に自動車でやはり華頂宮邸を訪問し、帰途、病院に入院中の娘(国子)を訪ねた。

さらに一二月四日と一一日には自動車に乗って参内し、ついで同月一九日には神奈川県の国府津(いまの小田原市国府津)に出かけるため、自動車で新橋駅へと向かった(晩年の数年間、慶喜は厳冬期を迎えると、避寒を目的に大層気に入った国府津の大鳥富士太郎〔父は大鳥圭介〕男爵所有の別荘に行った)。

ここから理解できるのは、慶喜はすくなくとも大正元年の終盤には、天皇の死にともなうショックから立ち直り、すっかり元気を回復したらしいということである。そして、彼にどうやら再び生きる喜びを与えたのが、新時代の乗り物として颯爽《さっそう》と登場した自動車であったのが、いかにも慶喜らしかった。神は、新しいもの好きの慶喜に、人生最後の段階で最大の贈り物を賜わったのである。

そして慶喜は、結果的に、明治一〇年(一八七七)の木戸孝允や西郷隆盛の死に始まり、明治四二年(一九〇九)の伊藤博文の暗殺に至るまでの、維新の一等星の消滅を目の当たりにして死んでいくことになった。しかもそのうえ、慶喜は、明治天皇を新たに見送ることによって、明治という時代の成立と終焉をその眼で見届けることにもなった。それは文字どおり、大往生という言葉にふさわしい死であった。ここに七十七年におよんだ彼のドラマは無事完了し、老優は、カーテンが降りるのを待って静かに舞台を去ったのである。

あとがき

この書物は、本来こういう形で日の目を見るはずのなかったものである。実は、以前、本書の柱をなす小さな論稿「徳川慶喜（家）の明治」を『日本歴史』誌上に発表した際、間髪を入れず、選書メチエ編集部の井上威朗さんから勤務先に電話があった。拙稿を幹に、一冊の本を出さないかとのありがたい申し出であった。

夜の授業が始まる直前であったので、ゆっくり話をする時間もなかったが、この時は即座に御断りをした。徳川慶喜について書く先約があったことに加え、明治期の慶喜で一冊の本を出版できるとは心底思えなかったからである。それと、今から思えば、非権力的な存在であった明治期の徳川慶喜のことをわざわざ取り上げることに、はたして歴史的意義があるのかというためらいが多少関係したかもしれない。

だが、本書の冒頭部分でもふれたように、幕末期の慶喜が歩んだ道程《みちのり》の密度がものすごく濃く、その分、近刊の拙著では、明治期の徳川慶喜に関して書くことがまったくできなかった。そして、このことは前書を書き進める内に、次第に明らかになってきた。

すると研究者というのは不思議なもので、このままではやり残すとの思いが、私の心の中に次第に形造られてくることになった。もっとも、そうはいっても、明治期の慶喜に関する史料や研究書等が極度に乏しい現状を考えれば、すぐには明治期の徳川慶喜について一冊の書物を物しようとの気は生まれなかった。

気持ちが少し書く方向に傾き出したのは、時間の経過とともに、明治期の慶喜に関する情報が少しずつだが蓄積されだしてからである。なかでも、学生時代になけなしの金をはたいて、古書店で購入して以来、放ったままであった『渋沢栄一全集』全六巻を手に取ってからであった。

この全集のあちらこちらに載っている、渋沢の徳川慶喜に関する思い出話が、私には存外面白かった。渋沢のいかにも実務者らしい飾り気のない語り口によって、私は明治期の活きた慶喜の姿を、ほんの少しだが垣間見たような気がした。また、渋沢の旧主である慶喜に対する態度にも好感がもてた。

とにかく、かなりの時日が経過して、私はようやく明治期の徳川慶喜のことを一冊の書物にまとめる決心をしたのである。そして、いったん決心してからは、楽しく書こうと思った。誤解をもたれないように、あえてここで記すが、楽しく書くことと、手を抜くこととは違う。私は近刊の拙著を上梓するうえで、かなりの苦しみを味わった。これは幕末期の慶喜が言葉の厳密な意味での主役（それも飛び切りの）であり、関連史料や書物・論文等が数多ある以上、避け難い苦しみであった。それに引き換え、明治期の大半、慶喜はいっさいの政治権力から距離をおいた人生を送った。したがって、目を剝《む》き、歯を食いしばって、取り組むような研究対象では到底ない。それに第一、そうした取り組み方は、明治期の徳川慶喜が有したであろう気分にそぐわない。こうしたことを考えて、楽しく自由に己の心に映った慶喜像を描こうと思い立ったのである。

なお、本書を書き終えた今、本文中に記さなかったこと、および記したとしてもごく簡単にすませたことで、印象に残ったことをふたつほど記しておきたい。先程『日本歴史』に、「徳川慶喜（家）の明治」なる論稿を掲載したと書いた。このあと、すぐに、同誌の編集部を経由して、私の許に一枚の葉書が届けられた。私の若いときに、すでに大家として一家を成しておられた歴史学者で、それまで全く面識のなかった方（その時、八十八歳）であった。その方から寄せられた葉書の裏表に、びっしりと書き込まれていたのは、次のようなことであった。御祖父が静岡師範の第一期生で明治一九年度の卒業であること、その時分、雨の日に道で「慶喜公」と出会い、「ぬかるみの上に袴のまま土下座して」挨拶をしたところ、「そんなていねいなお事はしないでよい」との「お言葉を賜った」こと、それが「一生人前に出ることをさけていた祖父のほとんど唯一の自慢話であった」ことが、丁寧な言葉づかいと共につづられてあった（括弧内はすべて原文である）。

私は、その葉書を読ませていただいた瞬間、頭の中に、明治の何年かは定かではないが、明治十年代のある日、静岡のとある場所での慶喜と若き師範学校生との一瞬ではあるが交流の場面が鮮やかに浮かんだ。そして、まぎれもなく、極めて短いものだが、慶喜の肉声を知ったのである。さらに、これも明治期に固有の場面であろうと思った。本当に四民平等の世の中になっておれば、こうしたシーンはありえなかったからである。いずれにせよ、江戸期をひきずりながらも、時代が大きく変わろうとしていた時期にのみ見られた光景であった。

永井尚志の曾孫にあたる永井三明先生からお聴きした話も忘れがたいものがあった。もうかなり前のことになるが、私が先生宅を訪ねた際、談がたまたま尚志の慶喜邸訪問の話におよんだ。ところが、私は何を思ったか、これ以来すっかり、尚志が慶喜から面会を断られて頭にきたものとばかり思いこむようになった。

ところが、今年の四月に先生と久し振りにお会いする機会があり、確認のため再度この件についてお尋ねしたら、これが私の酷い思いこみ違いであったことがわかった。本文中にも記したように、永井は面会を拒絶されたあと、「寂しいものを感じた」と家族に漏らし、それが永井家に伝わっているとの御話であった。いま現在、冷静に考えれば、永井尚志が発した言葉は後者のそれであったろう。尚志が怒り狂ったのではなく、非常に寂しいものを感じたのは確かだと思う。そして、そこに永井尚志という人物の人間としての奥深さを感じる。もっとも、この奥深さは、たんに永井のみのそれでなく、江戸期に成育した人物（なかでも選良たち）の多くが共通して持つ奥深さでもあったといってよかろう。

以上、私の心に残った慶喜にまつわるエピソードの若干を紹介した。これ以上ダラダラと同種の話を書き列ねてもつまらないので、最後に何人かの方々に深甚なる感謝の言葉を呈して筆を擱《お》くことにしたい。まず、本書を記すうえで最も中核の史料となった「家扶日記」の閲覧を、長期間にわたって許可していただいた戸定歴史館関係者の方々に御礼を申し上げたい。私は、「家扶日記」からうかがえる明治期の徳川慶喜の動向を通して、彼の個性もしくは感性といったものを感じとることができた。そして、これは幕末段階の慶喜のことを知るうえで大いに役立った。また、歴史学を勉強するうえで、ごく当たり前のことであるが、慶喜のような長寿を保った人物を研究対象として取り上げるには、長いスパンで眺め観察することが、なによりも大事だということも改めて学んだ。こうした学びの機会を与えていただいた前館長の石井一之さん、学芸員の斎藤洋一さん、それに同館研究員で中央大学院生でもある藤田英昭さんに感謝したい（藤田さんには、その他、私の知らない慶喜に関する書物を紹介していただいた）。

また、尚志に関する貴重な話を聴かせていただいた永井三明先生、および適切なアドバイスにとどまらず、関連史料の探索で御協力をいただいた井上威朗さんにも改めて感謝申し上げたい。本書は、これらの方々の御協力で成ったものである。つくづく自分は幸せな人間だと思う。何をしようかと迷っている時に、次々と非力な私を導いてくれるこれらの人々や史料が現れるからである。

もっとも、こうした好運を私に恵んでくれた背後には、案外徳川慶喜が控えていたような気もしないではない。もしそうだとすれば、本書は慶喜その人が私の手を借りて書かせたものでもあろう。そのように私に思わせるものが何かある。そしてこれは、私にしかわからない思いでもある。

二〇〇四年一一月

家近良樹

文庫版あとがき

「西郷隆盛の人気は凄いな」。これは、五年半前に西郷に関する著作（ただし専門書）を出版したあとの私の実感であった。そして、今年（二〇一六年）の九月に入り、NHKの再来年の大河ドラマの主人公が西郷に決定したとの報道がなされてからは、実感は確信に変わった。いま私は、ごく小さな規模ではあるが、マスコミ等への対応に追われている。

それに比し、やはりというべきか、徳川慶喜は人気が無い。むろん、幕末政治史上では稀有かつ頗《すこぶ》る重要な存在であった慶喜には、そこそこの関心は寄せられる。しかし、いかんせん大衆的人気とは縁遠く、その分、関心の拡がりは依然として見られない。私は、明治期の徳川慶喜を対象とした本書は、私にとって、ひときわ愛着のある著作である。私は、本書を書き上げたあと、二年足らずして入院生活を送ることを余儀なくされ、ついで三年前にはとうとう大腸と直腸を全摘する羽目に陥った。そのため、この間、自身の老・病・死の問題をいや応なしに直視せざるをえなくなり、それが結果的に江戸期から昭和期にかけて生きた地方の豪農一家のことを、老・病・死の観点から振り返った拙著二冊の刊行に繋がった。

この点との関わりについては後で再度ふれるとして、よくよく考えてみれば、それまで歴史書は重要と思える政治過程を取り上げるべきだと考えがちであった私の姿勢に、ちょっとした変化（発想の転換）をもたらしてくれたのが、本書の執筆ではなかったかと思う。本書の主たる材料となった「家扶日記」は、そのタイトル名から容易に判るように、わくわくするような記述に満ちたものではない。いや有り体に書けば、その真反対で事務的な内容と記述に終始したものである。

いま正直に告白すると、当初しばらくの間は、どう向き合ってよいか困惑し、一カ月ほどが経過した時点で、全冊に眼を通したふりをして終えようかと真剣に悩んだことがある。だが、せっかく縁があって見せてもらえることになったのだから、もう少し先へ進もうかと思い直して、結局、四カ月間、付き合うことになった。

ところが、この時の体験が、その後、大いに役立つことになった。それまでは、ひたすら歴史的意義が見出せるか否かが自分の中の価値判断の基準だったのが、そうした呪縛から解き放たれて、この大部の日記（素材となる野菜類）をどう味付けしたり組み合わせたら、素敵な料理に変えられるかと考え出した。そして、「ひとつ、ここは自分の有する乏しい感性を総動員して一冊の書物に纏《まと》めてみようじゃないか」と思い立った。

そして成ったのが本書である。したがって、本書は私の著作の中でも、飛び切り自分らしさの滲み出た作品に仕上がったかと思う。私が本書に頗る愛着がある最たる理由は、この点に存する。

それはさておき、西郷の変化に富む人生とはまた違った意味で、一見変化に乏しい慶喜の後半生は、それなりに私に知見をもたらし興趣も覚えさせてくれた。さらに、その後、私は、自身のここ十年ほどの体験で、いまだ三十そこその青年であった慶喜が、死ぬのが怖くて、武人としては真にみっともない姿を鳥羽・伏見戦争直後に見せた（そして、ここに慶喜の不人気の根源がある）、その心情がようやく理解できるようになった。

また、老いの進行と発病によって、あれだけ体を動かすことの好きであった体育会系の人物が、次第にそれもままならなくなるという、長生きした人間には付きものの、ごく普通の在り方も、自然と共感をもって受け入れられるようになった。そして、できれば、自分もこうして生を全うできれば望ましいと思えた。別にドラマ性がなんらあるわけではない、こうした慶喜の後半生が以前よりも面白く感じられるようになったのも、先ほど記した自身の体験と歴史を学んで得られる余沢の御蔭かと考える。最後になるが、本書が今回、文庫化され、前書に比べてはるかに値段が低めに設定されたことで、多くの方に手にとってもらえるチャンスが生まれた。このことに筆者として素直に感謝したい。

二〇一六年一一月

家近良樹

参考文献

史料・資料

「徳川慶喜家扶日記」全四十三冊(松戸市戸定歴史館蔵)
東京大学史料編纂所蔵『大日本維新史料稿本』(マイクロ版集成)
「杉田家文書」(大阪経済大学図書館で保管)
『戊辰日記』(日本史籍協会叢書)
『大久保利通日記』一(同右)
『昨夢紀事』一(同右)
『再夢紀事・丁卯日記』(同右)
『徳川慶喜公伝』史料篇三(続日本史籍協会叢書)
『岩倉公実記』下巻(皇后宮職蔵版・宮内省版、一九〇六年。復刻、書肆澤井、一九九五年)
副島八十六編修『開国五十年史』(開国五十年史発行所、一九〇七年)
熊澤一衛『青山餘影──田中光顕伯小伝』(青山書院、一九二四年)
威仁親王行実編纂会編『威仁親王行実』(高松宮蔵版、一九二六年)
正親町公和編『静寛院宮御日記』上巻(皇朝秘笈刊行会、一九二七年)
維新史料編纂会編『現代華族譜要』(日本史籍協会、一九二九年。復刻、大原新生社、一九七六年)
『渋沢栄一全集』第一・二・三・六巻(平凡社、一九三〇年)
中山泰昌編著『新聞集成 明治編年史』第一・二・一四巻(財政経済学会、一九三四年)
信濃教育会編『象山全集』下巻(信濃毎日新聞社、一九三五年)
『永井玄蕃頭尚志手記』(永井尚志の孫で経済学者であった故永井亨氏の編纂したもの、一九六〇年)
『渋沢栄一伝記資料』第四九・五七・別巻第一日記(一)(渋沢青淵記念財団、竜門社、一九六三・一九六四・一九六六年)
霞会館編纂『華族会館史』(鹿島研究所出版会、一九六六年)
渋沢栄一編・大久保利謙校訂『昔夢会筆記──徳川慶喜公回想談』(平凡社〈東洋文庫〉、一九六六年)
『夏目漱石全集』第一六巻(岩波書店、一九六七年)
渋沢栄一『徳川慶喜公伝』四(平凡社〈東洋文庫〉、一九六八年)
『明治天皇紀』第一・四・六・九・一〇巻(吉川弘文館、一九六八・一九七〇・一九七一・一九七三年)

石井研堂『明治事物起原』（明治文化研究会編輯『明治文化全集』別巻、日本評論社、一九六九年）
由井正臣校注『後は昔の記他（林董回顧録）』（平凡社〔東洋文庫〕、一九七〇年）
茨城県史編纂幕末維新部会編『茨城県史料』幕末編1（一九七一年）
勝部真長・松本三之介・大口勇次郎編『勝海舟全集』第一九・二〇・二一巻（勁草書房、一九七三年）
『伊藤博文関係文書』第三巻（塙書房、一九七五年）
東京大学法学部明治新聞雑誌文庫編『朝野新聞　縮刷版一九』（ぺりかん社、一九八二年）
辻達也編『新稿　一橋徳川家記』（続群書類従完成会、一九八三年）
東京日日新聞社会部編『戊辰物語』（岩波書店〔文庫〕、一九八三年）
徳川慶朝監修『将軍が撮った明治』（朝日新聞社、一九八六年）
E・スエンソン著・長島要一訳『江戸幕末滞在記』（新人物往来社、一九八九年）
『静岡県史』資料篇一六、近現代一（一九八九年）
『将軍のフォトグラフィ　写真にみる徳川慶喜・昭武兄弟』（松戸市戸定歴史館、一九九二年）
『復刻・静岡県史跡名勝誌』（羽衣出版、一九九二年復刻）
坂井四郎兵衛編『天保明治水戸見聞記』（常野文献社、一九九五年）
『徳川昭武・慶喜兄弟と写真――二人のアマチュアカメラマン』（松戸市戸定歴史館、一九九五年）
清水市立中央図書館『徳川文庫目録』（一九九七年）
『最後の将軍　徳川慶喜』（松戸市戸定歴史館、一九九八年）
『没後一〇〇年　勝海舟展』（江戸東京博物館、一九九九年）
『学習院大学五十年史』上巻（学習院大学五十年史編纂委員会、二〇〇〇年）
東京都江戸東京博物館都市歴史研究室編『勝海舟関係資料　文書の部』（江戸東京博物館史料叢書、二〇〇一年）

書籍・論文その他

松浦玲『徳川慶喜――将軍家の明治維新――』（中央公論社〔新書〕、一九七五年初版、一九九七年増補版）
松浦玲『明治の海舟とアジア』（岩波書店、一九八七年）

田中彰『明治維新の敗者と勝者』（日本放送出版協会〔NHKブックス〕、一九八〇年）
田中彰『明治維新観の研究』（北海道大学図書刊行会、一九八七年）
田中彰『明治維新』（岩波書店〔岩波ジュニア新書〕、二〇〇〇年）
松浦幸三編著『日本映画史大鑑』（文化出版局、一九八二年）
須見裕『徳川昭武——万博殿様一代記』（中央公論社〔新書〕、一九八四年）
小西四郎編『徳川慶喜のすべて』（新人物往来社、一九八四年）
遠藤幸威『女聞き書き　徳川慶喜残照』（朝日新聞社〔朝日文庫〕、一九八五年）
徳川幹子「十五代さまの周辺」（『将軍が撮った明治』所収）
山梨絵美子「徳川慶喜——油絵を描く将軍」（『幕末・明治の画家たち』ぺりかん社、一九九二年）
小沢健志「徳川慶喜と写真」（『将軍のフォトグラフィ　写真にみる徳川慶喜・昭武兄弟』所収）
斎藤洋一「将軍のフォトグラフィ——展覧会ノート——」（同右）
上野秀治「続・明治期における東宮妃選定問題」（皇学館大学史料編纂所報『史料』第一二一号、一九九二年）
上野秀治「徳川慶喜の授爵について」（同右第一四六号、一九九六年）
上野秀治「明治三〇年代の徳川慶喜（一）（二）（三）」（同右第一六三〜一六五号、一九九九〜二〇〇〇年）
榊原喜佐子『徳川慶喜家の子ども部屋』（草思社、一九九六年）
西川誠「明治期の位階制度」（『日本歴史』第五七七号、一九九六年）
比屋根かをる『晩年の徳川慶喜——将軍東京へ帰る』（新人物往来社、一九九七年）
『茨城県の歴史』（山川出版社、一九九七年）
大庭邦彦「趣味人として生きる」（『図説・徳川慶喜』河出書房新社、一九九七年所収）
山嵜千歳「明治期における徳川慶喜の待遇」（青山学院大学史学会『史友』第三〇号、一九九八年）
山嵜千歳「明治政府と徳川慶喜」（岩下哲典編著『徳川慶喜——その人と時代——』所収）
柏木一郎「それからの慶喜」（『最後の将軍　徳川慶喜』所収）
中岡哲郎『自動車が走った（技術と日本人）』（朝日

新聞社（朝日選書）、一九九九年）
岩下哲典編著『徳川慶喜――その人と時代――』（岩田書院、一九九九年）
原武史『大正天皇』（朝日新聞社（朝日選書）、二〇〇〇年）
四方田犬彦『日本映画史百年』（集英社（新書）、二〇〇〇年）
飛鳥井雅道『日本近代精神史の研究』（京都大学学術出版会、二〇〇二年）
片野真佐子『皇后の近代』（講談社（選書メチエ）、二〇〇三年）
半藤一利『それからの海舟』（筑摩書房、二〇〇三年）
徳川慶朝『徳川慶喜家にようこそ』（文藝春秋（文春文庫）、二〇〇三年）
前田匡一郎編著『慶喜邸を訪れた人々――「徳川慶喜家扶日記」より』（羽衣出版、二〇〇三年）
伊牟田敏充「大名華族の株式投資」（『歴史読本』第四九巻第五号、二〇〇四年）

解説

門井慶喜

徳川慶喜は、人生の半分以上が余生である。

天保八年（一八三七）に生まれ、幕末の動乱を生き、明治をとおりこして大正二年（一九一三）に世を去ったということは七十七年の長い生涯にめぐまれたわけだが、政治の表舞台から消えたのは三十二歳のとき。いわゆる鳥羽伏見の戦いで薩長を主とする新政府軍に敗北し、謹慎生活に入ったのである。

その後は、ふたたび起《た》つことがなかった。よそ目にはあの、

――静かに余生をおくる。

という紋切型の表現がぴったりの日々にも見えるけれど、実際はどうだったか。本書はその長い余生のありさまを、さまざまな史料を駆使して叙述したものである。子孫による思い出ばなしとは一線を劃しているが、ときに大胆な推測もまじって読みやすい。

ここには政治家としての慶喜はいないが、それ以外のすべての慶喜がくっきりと像をむすんでいる。

†

徳川慶喜の四十五年にわたる後半生は、東京政府との関係から見ると、前後二期にわけられる。

前期は、疎遠期である。慶喜はひたすら距離を置いた。その態度がもっとも鮮明なのは明治天皇に対するときで、慶喜は、そのころ住んでいた静岡に天皇が来ても「所労」を理由に挨拶へ出なかった。

——それほど謹慎の意志が強かったのだ。

とか、

——それほど新政権に遺恨があったのだ。

などとするのが従来の説明だったけれども、本書によれば、どちらもちがう。それはむしろ勝海舟、山岡鉄舟、大久保一翁といったような旧幕臣系の新政府要人の監視によるところが大きかったという。慶喜は挨拶へ出なかったのではなく、出ることができなかったのだ。

海舟たちとしても、立場上、やむを得ないところがあったのか。実際、彼らが亡くなる前後から、慶喜は後期の親近期をむかえるのである。明治も三十年代に入ると（つまり後半生も三十年におよぶと）天皇との拝謁が実現したばかりか、公爵という第一等の爵位をもらい、四十以上も年下の若き皇太子と仲よしになった。

ことに皇太子との友情はふかく、しばしば銃猟へいっしょに行ったりして、

「ケイキさん」

「殿下」

と呼びあったという。皇太子はもちろん、のちの大正天皇である。彼にとって慶喜は、即位前の貴重な老友だったわけだ。

もっとも、こうした政府ないし皇室との接触は、慶喜の生活の半面にすぎないだろう。もう半面は、いわばひとり遊びだった。若いころは毎日のように銃猟に出かけたり、投網をしたりしたが、ほかにも謡いや能、小鼓、油絵、囲碁、将棋、ビリヤード、刺繡（！）などにいそしんだ。

ことに写真は本格的で、本職の写真師の指導を受けつつ近村遠地の風景はもちろん、家族や女中をも被写体にした。それに飽きると生け花まで撮ったというからよほど好きだったのか。最晩年には自動車まで入手して乗りまわしたというから恐れ入る。

――うらやましい。

と、実際のところ、読者の誰もが思うのではないか。私も思う。慶喜は近代の風流人

なのだ。

†

個人的な話で恐縮だが、私は、門井慶喜という。

ペンネームではなく本名である。歴史ずきだった父が名づけたらしく、子供のころ、私はこの名前が大きらいだった。

理由はいろいろあるのだが、基本的には、徳川慶喜を他人とは思えなかったのだろう。しかも世間のこの人物への評価は両極端で、みずから大政奉還を決断した史上まれにみる、

――名君。

という人もいれば、鳥羽伏見の戦いで味方をすてて逃げ出した前代未聞の、

――臆病者。

という人もいる。おさない私はまるで自分が両極端の評価にさらされている気がして、わけがわからなかったのだ。どうせ過去の人に名前をもらうなら、龍馬とか、漱石とか、そんな誰もが褒めるものにしてほしかった。

いまは父に感謝している。あのころさんざん悩まされたおかげで私は歴史という一生の主題をあたえられ、思考の背骨をあたえられたように思うからだ。気がつけば私はあの不毛な「自分さがし」の必要がなかった。のみならず、これは結果論だが、私はそれ

を職業にもしてしまったのである。歴史小説を書いているのだ。

そうして歴史小説というのは案外、世間の需要があるらしい。ときにはこうして文庫解説というかたちで良書をひろめる幸福にもめぐまれたりして、これでなかなか多忙である。趣味についやす時間があまりないのだ。

徳川慶喜がその後半生において銃猟、投網、謡いや能、小鼓、油絵、囲碁、将棋、ビリヤード、刺繍などにいそしんだのとは正反対の情況なわけだが、これは私だけではなく、たいていの現代人はおなじなのではないか。まいにち決まった時間に通学したり、通勤したり、残業したり、あるいは専業主婦ならば、たまった家事をかたづけたり。職業がそのまま人生の中心になっているのだ。

逆にいえば。

徳川慶喜には、人生の中心がなかった。

あるいは一生の主題がなかった。そう言うことも可能なのではないか。近代の風流人などと呼ぶと聞こえはいいが、本人の胸はどうだったろう。そこにあるのは沙漠の風、荒涼たるニヒリズムの風景だったかもしれないのだ。

少なくとも、ラジオもテレビもインターネットもない時代に四十五年も「暇をつぶす」というのは生半可な生活ではないだろう。静かなる自分との戦い。彼は酒に溺れたり、芸者あそびに狂ったりしなかった。ということは、もしかしたら、その前半生よりもむしろ後半生において遙かに主体的な努力をおこなっていたのかもしれない。ほんとうに「うらやましい」などと言える生活かどうか、私たちはもういちど考えてみなければならないのだ。

最晩年、徳川慶喜は、昔夢会の事業に夢中になったという。昔夢会とは財界の指導者・渋沢栄一が主宰した、慶喜の伝記編纂のための会である。

そこではプロの歴史学者をふくむ編纂員たちが、あるいは慶喜から直接聞き取り、あるいは史料を参照して素稿をつくった。それを見せられた慶喜はていねいに目を通したばかりか、書きこみ入りの付箋を貼ったり、編纂員を呼んであらためて語り聞かせたりと、それは熱心にとりくんだ。

仕事はかくべつ速かったという。私はこのくだりを読み、ひどく心あたたまるものを感じた。同名のよしみのせいではないと思う。徳川慶喜はここでようやく職業を得たのだ、趣味にわかれを告げることができたのだ、そんな気がしたからである。徳川慶喜はこの事業に約六年たずさわったのち、世を去った。

未定稿ものこしたが、完成した『徳川慶喜公伝』はこんにち第一等の史料とされ、もちろん本書の参考文献にもふくまれている。余生は「生」になったのだ、と言ったら感傷的にすぎるだろうか。

（かどい・よしのぶ／作家）

索　引

あ

相原安次郎　159
青木周蔵　194
朝彦親王（久邇宮）　43, 47, 134
アダム・スミス　100
有栖川宮威仁親王　167-169, 177, 199, 205, 224, 232
有栖川宮熾仁親王（東征大総督）　25, 168
池田輝知　120, 167
板倉勝静　23, 32, 33, 81, 82, 84
一条順子　111, 112, 115, 116
一条忠香　111, 112
伊藤博文　99, 170, 180, 184, 198, 211, 218, 234
井上馨　67, 68
井上豊作　132
井野辺茂雄　208
岩倉具定　30
岩倉具視　39, 69
岩瀬忠震　82
梅沢覚　93, 106
梅沢孫太郎　93
英照皇太后　108, 180, 219
エドワード・W・クラーク　135
榎本武揚　45, 47, 58, 81, 153, 192, 235
王政復古　15, 16, 22, 32, 37, 43, 216
大久保一翁　25-27, 42, 46, 104, 105, 135-138, 140, 142, 143, 147-150, 152
大久保利通　14, 22, 45, 46, 67, 68, 78, 83, 210
大隈重信　137, 212, 213
大倉喜八郎　194
大河内輝耕　120
大津事件　145
大原重朝　175
大原重徳　43
緒方洪庵　132
荻野由之　208
小栗尚三　49, 93, 106, 137
尾崎三良　215
『女聞き書き　徳川慶喜残照』　55, 57, 65, 79, 102, 157, 161, 185, 191, 204

か

『開国五十年史』　212, 213
香川敬三　176, 199, 200
柏原学而　132, 133
華族会館　156, 219
華頂宮博恭王　157, 158, 169, 174, 185, 192, 200
勝海舟　25-27, 35, 45-47, 53, 75, 90, 104, 105, 135-137, 139-143, 145, 147-151, 163, 173, 174, 191, 225
桂太郎　198
加波山事件　98

「家扶日記」　47-53, 59-63, 65, 67, 68, 72-76, 82, 84, 87, 89, 90, 93, 95, 96, 103, 104, 106, 108, 115, 122, 125, 126, 130-132, 134, 135, 137, 138, 146, 156, 157, 159, 162, 166, 169, 171, 181, 184, 190, 192, 195, 199-202, 206-208, 210, 212, 213, 215, 217, 219, 221, 225, 228, 229, 232
『函右日報』　84
『官報』　228
紀元節　72-74, 108, 109, 175, 185
北白川宮　110, 154-156, 179
木戸孝允　67, 69, 78, 234
木平鎌次郎　65
九条節子　57, 179-181
久能山東照宮　85, 92
グラント将軍　89, 90
『刑法論綱』　226
皇后（美子）　76, 98, 111, 112, 116, 152, 157, 169, 171-176, 191, 199, 200, 204, 230
皇太子（大正天皇・東宮明宮嘉仁親王）　57, 156, 177-187, 189-191, 200, 201, 217, 229, 230
幸徳秋水　221-223
孝明天皇　187, 205, 206, 211
小島いと　204, 221
小杉直吉　159
駒井信好　125
小室信夫　90
近藤勇　32, 33

さ

西郷隆盛　15, 26, 29, 67, 78, 151, 198, 199, 234
西郷寅太郎　199, 216, 218
『最後の将軍　徳川慶喜』　130, 141, 171, 175, 177
佐久間象山　58
佐藤進　132, 159, 161
三条実美　37-39, 45, 46, 69, 210
三遊亭円朝　125-129
静岡事件　98
『静岡大務新聞』　121, 122
『自治論』　226
渋沢栄一　17, 42, 66-70, 80, 83, 89, 92, 107, 125-128, 144, 145, 149, 151, 184, 193, 198, 200, 202, 203, 207, 209, 211, 212, 218, 224-227, 229, 231
島津斉彬　114
島津久光　53, 210
「十五代さまの周辺」　70
『自由之理』　65, 66
新聞縦覧所　95-98
新村出　49, 92
新村信　54, 124
新村猛雄　28, 49, 93, 106
スエンソン（エドゥアルド・スエンソン）　21
「杉田家文書」　160
スクリーバ　133
スペンサー　100
静寛院宮　23-25, 27, 31, 78
政権返上　15, 23, 30, 32, 39, 65, 81, 154, 183, 214, 216, 222
青松院　114
関口隆吉　92, 134

『昔夢会筆記』　42, 44, 75, 103, 104, 113, 149, 151

た
大逆事件　221, 223, 224
大政奉還　15, 214
鷹狩　52, 61, 62, 87
高橋泥舟　28
高松凌雲　75, 132
高山恵太郎　181, 187, 189, 229
竹内太俊　124
武田金次郎　36
立花種恭　82
田付右膳　53
伊達宗城　114
玉虫教七　28
田安亀之助　37, 38
中条景昭　28, 63
『朝野新聞』　96-98, 101
千代姫（照姫）　112, 171
天狗党　34-36
天璋院　24, 78
天長節　72-75, 108, 175
『東京日日新聞』　88
徳信院直子　112-116, 126, 134
徳川昭武　38, 39, 42, 45, 52, 56, 84-86, 118, 119, 161, 167, 168, 170, 173, 184, 185, 228
徳川厚　55, 56, 91, 92, 94-96, 98, 110, 119, 121, 125, 146, 152, 157, 158, 163, 164, 170, 174, 191, 224, 225, 227
徳川家達　36, 43, 45-47, 50, 79, 91, 101-105, 108, 109, 119, 120, 139-142, 145, 146, 153, 154, 158, 170, 178, 199, 200, 203, 211, 225
徳川家茂　13, 14
徳川糸子　56, 178, 180
徳川英子　55, 56, 155, 168, 179
徳川鏡子　55, 56, 129-131
徳川国子　56, 178-181, 234
徳川精　55, 56, 163
徳川圀順　228
徳川達孝　130
徳川達道　120
徳川経子　56, 157, 158, 179, 185
徳川鉄子　55, 56, 120, 131
徳川浪子　55, 56, 102, 120, 164
徳川斉昭　34, 53, 112, 168, 207
徳川博（仲博）　56, 120, 121, 125
徳川筆子　120, 153, 168
徳川誠　55-57, 155, 163, 178, 231
徳川美賀子　46, 85, 111, 112, 114, 115, 125, 129-133, 141, 157, 159, 171
徳川茂承　203
徳川茂栄　25, 38, 103, 104
徳川慶篤　35, 39, 168, 228
徳川慶勝　103, 203
徳川慶朝　16, 227
『徳川慶喜』（幕末維新の個性１）　10
「徳川慶喜公回顧録」　58, 213
『徳川慶喜公伝』　12, 66, 80, 143, 209, 212
「徳川慶喜日記」　171
徳川慶久（久）　52, 56, 72, 120,

226, 227, 231, 232, 234
徳川慶頼　25, 28
徳大寺実則　198
戸塚文海　28, 65
鳥羽・伏見戦争　9, 10, 22, 31, 33
登美宮　56, 59, 84, 85, 118, 129, 159, 168
豊崎信　227, 231

な
『内外新報』　29
内国絵画共進会　98, 99, 232
永井尚志　23, 47, 80-83, 134
永井三明　80
中島鍬次郎　44
中島錫胤　43
中根幸　54, 124
中山忠能　57
名古屋事件　98
夏目漱石　127
成田藤次郎　93, 106
西周　28, 153
二条斉敬　16
野村靖　215

は
廃藩置県　46, 47, 63, 86, 105
『幕府衰亡論』　53, 208
『幕末政治家』　208
橋本実梁　24, 28
橋本綱常　133, 159
蜂須賀正韶　120, 153, 168, 173
蜂須賀茂韶　153, 202, 225
林董　225
土方久元　141
ビスマルク　100
平岡準蔵　107, 207
吹上御苑　176
福島事件　99
福地源一郎　53, 208
「米西戦争活動大写真」　193
『平民新聞』　222
宝台院　42-44, 46, 115, 131, 164
『報知新聞』　96, 97

ま
前島密　194
益満休之助　26
松平確堂（斉民）　36, 91, 102, 103, 120, 134, 152
松平容大　194
松平容保　23, 33, 47, 134
松平勘太郎　49
松平慶永　26, 27, 53, 82, 114, 120, 134, 152
松平頼聡　103, 104, 167
溝口勝如　89, 90, 104, 105, 107, 135, 140, 141, 154-156
迪宮（昭和天皇）　57, 189
「水戸藩史料」　207
宮津中三郎　33
『明治事物起原』　121, 235
明治天皇　13, 37, 50, 73-76, 111, 145-147, 152, 155, 169, 170, 174, 177, 180, 190, 198, 202, 217, 221, 228, 229, 231, 235
『明治天皇紀』　75, 152, 188, 199
毛利元雄　217

毛利元敏　216, 218
本居豊穎　186

や
柳沢保申　124
山岡鉄太郎　25-28, 31, 36, 75, 76, 104, 105, 135-137, 140, 142, 143, 148, 149, 152
山県有朋　198, 217, 218
山内長人　225, 226

ら
猟（狩猟・銃猟）　52, 53, 61, 64, 71, 73, 74, 79, 84, 86, 87, 92, 121, 123, 154, 161, 166, 167, 181, 185, 187, 189, 190, 210
レオン・ロッシュ　14, 21

本書は二〇〇五年一月に講談社選書メチエとして刊行された。

それからの海舟　半藤一利

江戸城明け渡しの大仕事以後も旧幕臣の生活を支え、徳川家の名誉回復を果たすため新旧相撃つ明治を生き抜いた勝海舟の後半生。（阿川弘之）

昭和史探索（全6巻）　半藤一利編著

名著『昭和史』の著者が第一級の史料を厳選、抜粋。時々の情勢や空気を一年ごとに分析し、書き下ろしの解説を付す。《昭和》を深く探る待望のシリーズ。

荷風さんの昭和　半藤一利

破滅へと向かう昭和前期。永井荷風は驚くべき適確さで世間の不穏な風を読み取っていた。時代風景の中に文豪の日常を描出した傑作。（吉野俊彦）

占領下日本（上）　半藤一利／竹内修司／保阪正康／松本健一

1945年からの7年間日本は「占領下」にあった。この時代を問うことは戦後日本を問いなおすことである。天皇からストリップまでを語り尽くす。

占領下日本（下）　半藤一利／竹内修司／保阪正康／松本健一

日本の「占領」政策では膨大な関係者の思惑が錯綜し揺れ動く環境の中で、様々なあり方が模索された。昭和史を多様な観点と仮説から再検証する。

荷風さんの戦後　半藤一利

戦後日本という時代に背を向けながらも、自身の生活を記録し続けた永井荷風。その孤高の姿を愛情溢れる筆致で描く傑作評伝。（川本三郎）

幕末維新のこと　司馬遼太郎　関川夏央編

「幕末」について司馬さんが考えて、書いて、語ったことの真髄を一冊に。小説以外の文章・対談・講演から、激動の時代をとらえた19篇を収録。

明治国家のこと　司馬遼太郎　関川夏央編

司馬さんにとって「明治国家」とは何だったのか。西郷と大久保の対立から日露戦争まで、明治の日本人への愛情と鋭い批評眼が交差する18篇を収録。

幕末単身赴任　下級武士の食日記　増補版　青木直己

きな臭い世情なんてなんのその、単身赴任でやってきた勤番侍が幕末江戸の〈食〉を大満喫！　残された日記から当時の江戸のグルメと観光を紙上再現。

世界漫遊家《グローブトロッター》が歩いた明治ニッポン　中野明

開国直後の明治ニッポンにあふれる冒険心を持って訪れた外国人たち。彼らの残した記録から「神秘の国」の人、文化、風景が見えてくる。（宮田珠己）

裸はいつから恥ずかしくなったか　中野明

幕末、訪日した外国人は混浴の公衆浴場に驚いた。日本人が裸に対して羞恥心や性的関心を持ったのはいつなのか。「裸体」で読み解く日本近代史。

サムライとヤクザ　氏家幹人

「男らしさ」はどこから来たのか？　戦国の世から徳川の泰平の世へ移る中で生まれる武士道神話・任侠神話を検証する「男」の江戸時代史。

弾左衛門と江戸の被差別民　浦本誉至史

浅草弾左衛門を頂点とした、花の大江戸の被差別民の世界に迫る。ごみ処理、野宿者の受け入れなど現代にも通じる都市問題が浮かび上がる。（外村大）

「幕末」に殺された女たち　菊地明

黒船来航で幕を開けた激動の時代に、心ならずも命を落としていった22人の女性たちを通して描く、もうひとつの幕末維新史。文庫オリジナル。

国定忠治の時代　高橋敏

忠治が生きた幕末という大きな歴史の転換点を、民衆の読み書き能力や知的ネットワークといった社会史的視点から読み解いた意欲作。（青木美智男）

暴力の日本史　南條範夫

上からの暴力は歴史を通じて常に残忍に人々を苦しめてきた。それに対する庶民の暴力はいかに興り敗れてきたか。残酷物の名手が描く。（石川忠司）

江戸の大道芸人　中尾健次

江戸の身分社会のなかで、芸人たちはどのような扱いを受け、どんな芸をみせていたのだろうか？　被差別民と芸能のつながりを探る。（村上紀夫）

現代語訳 文明論之概略　福澤諭吉　齋藤孝＝訳

「文明」の本質と時代の課題を、鋭い知性で捉え、巧みな文体で説く。福澤諭吉の最高傑作にして近代日本を代表する重要著作が現代語でよみがえる。

富岡日記　和田英

ついに世界遺産登録。明治政府の威信を懸けた官営模範器械製糸場たる富岡製糸場。その工女となった「武士の娘」の貴重な記録。（斎藤美奈子／今井幹夫）

きよのさんと歩く大江戸道中記　金森敦子

江戸時代、鶴岡の裕福な商家の内儀・三井清野のゴージャスでスリリングな大観光旅行。総距離約2420キロ、旅程108日を追体験。（石川英輔）

ハーメルンの笛吹き男　阿部謹也

「笛吹き男」伝説の裏に隠された謎はなにか？　十三世紀ヨーロッパの小さな村で起きた事件を手がかりに中世における「差別」を解明。（石牟礼道子）

自分のなかに歴史をよむ　阿部謹也

キリスト教に彩られたヨーロッパ中世社会の研究で知られる著者が、その学問的来歴をたどり直すことを通して描く〈歴史学入門〉。（山内進）

辺界の輝き　五木寛之　沖浦和光

サンカ、家船、遊芸民、香具師など、差別されながら漂泊に生きた人々が残したものとは？　白熱する対論の中から、日本文化の深層が見えてくる。

仏教のこころ　五木寛之

人々が仏教に求めているものとは何か、仏教はそれにどう答えてくれるのか。著者の考えをまとめた文章に、河合隼雄、玄侑宗久との対談を加えた一冊。

自力と他力　五木寛之

俗にいう「他力本願」とは正反対の思想が、真の「他力」である。真の絶望を自覚した時に、人はこの感覚に出会うのだ。

サンカの民と被差別の世界　五木寛之

歴史の基層に埋もれた、忘れられた日本を掘り起こす。漂泊に生きた海の民・山の民。身分制で賤民とされた人々。彼らが現在に問いかけるものとは。

隠れ念仏と隠し念仏　五木寛之

九州には、弾圧に耐えて守り抜かれた「隠れ念仏」があり、東北には、秘密結社のような信仰「隠し念仏」がある。知られざる日本人の信仰を探る。

宗教都市と前衛都市　五木寛之

商都大阪の底に潜む強い信仰心。国際色豊かなエネルギーが流れ込み続ける京都。現代にも息づく西の都の歴史。「隠された日本」シリーズ第三弾。

わが引揚港からニライカナイへ　五木寛之

玄洋社、そして引揚者の悲惨な歴史とは？　アジアとの往還の地・博多と、日本の原郷・沖縄。二つの土地を訪ね、作家自身の戦争体験を歴史に刻み込む。

日本幻論　漂泊者のこころ　五木寛之

幻の隠岐共和国、柳田國男と南方熊楠、人間としての蓮如像等々、非・常民文化の水脈を探り、五木文学の原点を語った衝撃の幻論集。（中沢新一）

9条どうでしょう　内田樹／小田嶋隆／平川克美／町山智浩

「改憲論議」の閉塞状態を打ち破るには、「虎の尾を踏むのを恐れない」言葉の力が必要である。四人の書き手によるユニークな洞察が満載の憲法論！

諸葛孔明　植村清二

『三国志』の主人公の一人、諸葛孔明は、今なお「戦略家」「参謀」の典型とされる。希代の人物の卓越した事績を紹介し、その素顔に迫る。（植村鞆音）

世界史の誕生　岡田英弘

世界史はモンゴル帝国と共に始まった。東洋史と西洋史の垣根を超えた世界史を可能にした、中央ユーラシアの草原の民の活動。

日本史の誕生　岡田英弘

「倭国」から「日本国」へ。そこには中国大陸の大きな政治のうねりがあった。日本国の成立過程を東洋史の視点から捉え直す刺激的論考。

倭国の時代　岡田英弘

世界史的視点から「魏志倭人伝」や「日本書紀」の成立事情を解明し、卑弥呼の出現、倭国王家の成立、日本国誕生の謎に迫る意欲作。

よいこの君主論　架神恭介／辰巳一世

戦略論の古典的名著、マキャベリの『君主論』が、小学校のクラス制覇を題材に楽しく学べます。学校、職場、国家の覇権争いに最適のマニュアル。

もしリアルパンクロッカーが仏門に入ったら　架神恭介

パンクロッカーのまなぶは釈迦や空海、日蓮や禅僧たちと殴りあって悟りを目指す。仏教の思想と歴史を笑いと共に理解できる画期的入門書。（蟬丸P）

仁義なきキリスト教史　架神恭介

イエスの活動、パウロの伝道から、叙任権闘争、十字軍、宗教改革まで――。キリスト教二千年の歴史が果てなきやくざ抗争史として蘇る！（石川明人）

戦国美女は幸せだったか　加来耕三

波瀾万丈の動乱時代、女たちは賢く逞しかった。武将の妻から庶民の娘まで。戦国美女たちの素晴らしい生き様が、日本史をつくった。文庫オリジナル。

哀しいドイツ歴史物語　菊池良生

どこで歯車が狂ったのか。何が運命の分かれ道だったのか。歴史の波に翻弄され、虫けらのごとく捨てられていった九人の男たちの物語。（鎌田實）

現代人の論語　呉智英
革命軍に参加!? 王妃と不倫!? 孔子とはいったい何者なのか？ 論語を読み抜くことで浮かび上がる孔子の実像。現代人のための論語入門・決定版！

つぎはぎ仏教入門　呉智英
知ってるようで知らない仏教の、その歴史から思想的な核心までを、この上なく明快に説く。現代人のための最良の入門書。二篇の補論を新たに収録！

吉本隆明という「共同幻想」　呉智英
熱狂的な読者を生んだ吉本隆明。その思想は「正しく」読み取られていただろうか？ 難解な吉本思想の核心を衝き、特異な読まれ方の真実を説く！

増補 転落の歴史に何を見るか　齋藤健
奉天会戦からノモンハン事件に至る34年間、日本は内発的改革を試みたが失敗し、敗戦に至った。近代史を様々な角度から見直し、その原因を追究する。

罪と監獄のロンドン　スティーブ・ジョーンズ　友成純一訳
ヴィクトリア朝時代、繁栄を謳歌する一方で、貧困・飢餓・疫病が蔓延し、犯罪がはびこる悪徳の都市であったロンドンの暗闇に迫る。図版多数。

江戸へようこそ　杉浦日向子
江戸人と遊ぼう！ 北斎も、源内もみ～んな江戸のワタシラだ。江戸人に共鳴する現代の浮世絵師が、イキイキ語る江戸の楽しみ方。（泉麻人）

大江戸観光　杉浦日向子
はとバスにでも乗った気分で江戸旅行に出かけてみましょう。歌舞伎、浮世絵、狐狸妖怪、かげま……。名ガイドがご案内します。（井上章一）

春画のからくり　田中優子
春画では、女性の裸だけが描かれることはなく、男女の絡みが描かれる。男女が共に楽しんだであろう性表現に凝らされた趣向とは。図版多数。

江戸百夢　田中優子
世界の都市を含みこむ「るつぼ」江戸の百の図像（手拭いから彫刻まで）を縦横無尽に読み解く。平成12年度芸術選奨文部科学大臣賞、サントリー学芸賞受賞。

張形と江戸女　田中優子
江戸時代、張形は女たち自身が選び、楽しむものだった。江戸の大らかな性を春画から読み解く。図版追加。カラー口絵4頁。（白倉敬彦）

僕は考古学に鍛えられた　森浩一

小学生時代に出会った土器のかけら、中学時代の遺跡探訪……数々の経験で誘われた考古学への魅力をあますところなく伝える自伝的エッセイ。

異界を旅する能　安田登

「能」は、旅する「ワキ」と、幽霊や精霊である「シテ」の出会いから始まる。そして、リセットが鍵となる日本文化を解き明かす。（松岡正剛）

夏目漱石を読む　吉本隆明

主題を追求する「暗い」漱石と愛される「国民作家」をつなぐ資質の問題とは？ 平明で卓抜な漱石講義十二講。第2回小林秀雄賞受賞。（関川夏央）

ちぐはぐな身体《からだ》　鷲田清一

ファッションは、だらしなく着くずすことから始まる。中高生の制服の着崩し、コムデギャルソン、刺青等から身体論を語る。（永江朗）

哲学個人授業　鷲田清一／永江朗

哲学者のとぎすまされた言葉には、歌舞伎役者の切る「見得」にも似た魅力がある。哲学者23人の魅惑の言葉。文庫版では語り下ろし対談を追加。

日韓併合期ベストエッセイ集　鄭大均編

日韓併合期、朝鮮半島で人々は何を感じ、どう暮らしていたのか。人との交流から朝鮮の自然や文化まで、朝鮮半島での日常を鮮やかによみがえらせる。

吉原はこんな所でございました　福田利子

三歳で吉原・松葉屋の養女になった少女の半生を通して語られる、遊廓「吉原」の情緒と華やぎ、そして盛衰の記録。（阿木翁助　猿若清三郎）

ライカでグッドバイ　青木冨貴子

ベトナム戦争の写真報道でピュリッツァー賞にかがやき、34歳で戦場に散った沢田教一の人生を描いたノンフィクションの名作。（開高健／角幡唯介）

増補 日本凡人伝　猪瀬直樹

化粧品会社の調香師、鉄道ダイヤを組むスジ屋――知っているようで知らない非凡な人生に、独特のインタビュー形式で迫る。著者出世作の増補決定版。

日本帝国と大韓民国に仕えた官僚の回想　任文桓《イム・ムナン》

植民地コリア出身の著者は体制の差別と日本人の援助を受け、同胞の為に朝鮮総督府の官僚となる。植民地世代が残した最も優れた回想録。（保阪正康）

東京骨灰紀行　小沢信男

両国、谷中、千住……アスファルトの下、累々と埋もれる無数の骨灰をめぐり、忘れられた江戸・東京の記憶を掘り起こす鎮魂行。（黒川創）

大正時代の身の上相談　カタログハウス編

他人の悩みはいつの世も蜜の味。大正時代の新聞紙上で129人が相談した、あきれた悩み、深刻な悩みが時代を映し出す。（小谷野敦）

宮本常一が見た日本　佐野眞一

戦前から高度経済成長期にかけて日本中を歩き、人々の生活を記録した民俗学者、宮本常一。そのまなざしと思想、行動を追う。（橋口譲二）

新 忘れられた日本人　佐野眞一

佐野眞一がその数十年におよぶ取材で出会った、無私の人、悪党、そして怪人たち。時代の波間に消えて行った忘れえぬ人々を描き出す。（後藤正治）

游侠奇談　子母澤寛

飯岡助五郎、笹川繁蔵、国定忠治、清水次郎長……正史に残らない侠客達の跡を取材し、実像に迫る、游侠研究の先駆的傑作。（松島榮一／高橋敏）

決定版 切り裂きジャック　仁賀克雄

19世紀末のロンドンを恐怖に陥れた切り裂きジャック。日本随一の研究家が、あらゆる角度からジャック事件の真相に迫る決定版。（菊地秀行）

武士の娘　杉本鉞子　大岩美代訳

明治維新期に越後の家に生れ、厳格なしつけと礼儀作法を身につけた少女が開化期の息吹にふれて渡米、近代的女性となるまでの傑作自伝。

責任 ラバウルの将軍今村均　角田房子

ラバウルの軍司令官・今村均。軍部内の複雑な関係、戦地、そして戦犯としての服役。戦争の時代を生きた人間の苦悩を描き出す。（保阪正康）

神国日本のトンデモ決戦生活　早川タダノリ

これが総力戦だ！　雑誌や広告を覆い尽くしたプロパガンダの数々が浮かび上がらせる戦時下日本のリアルな姿。関連図版をカラーで多数収録。

ザ・フィフティーズ 1（全3巻）　デイヴィッド・ハルバースタム　峯村利哉訳

50年代アメリカでの出来事と価値転換が現代世界を作った。政治、産業から文化、性までを光と影の両面で論じる。巻末対談は越智道雄×町山智浩。

ちくま文庫

その後《ご》の慶喜《よしのぶ》　大正《たいしょう》まで生《い》きた将軍《しょうぐん》

二〇一七年一月十日　第一刷発行
二〇二一年八月十日　第三刷発行

著　者　家近良樹（いえちか・よしき）
発行者　喜入冬子
発行所　株式会社　筑摩書房
東京都台東区蔵前二―五―三　〒一一一―八七五五
電話番号　〇三―五六八七―二六〇一（代表）
装幀者　安野光雅
印刷所　中央精版印刷株式会社
製本所　中央精版印刷株式会社

ISBN978-4-480-43422-7 C0123